Manuel D'Ecole du Dimanche

Volume 5

Dieu Existe

&

L'Espérance Chrétienne Après la Mort

Donald Luxama

Manuel D'Ecole du Dimanche– Volume 5

Copyright © 2012, DONALD LUXAMA

ISBN: 978-1483996158

Toutes les citations bibliques proviennent de la Bible *Louis Segond révisée.*

Ouvrages par L'auteur

1- La Vie dans Le Foyer : Une affaire de Volonté
2- A Successful Marriage: A Matter of Will
3- Manuel D'école du Dimanche Volume 1
4- Manuel D'école du Dimanche Volume 2
5- Manuel D'école du Dimanche Volume 3
6- Manuel D'école du Dimanche Volume 4
7- Manuel d'Ecole du Dimanche Volume 5
8– Manuel D'Ecole du Dimanche Volume 6
9– Réflexions Sur La Vie

Pour toutes informations ou correspondance, contactez-nous à l'adresse suivante:

Donald Luxama

dluxa@hotmail.com

Visitez notre site: www.createspace.com/4227048

www.regeneration1.com

Table des Matières

Introduction..5

1- Dieu Existe...6

2- La Personne Du Saint-Esprit..................25

3- La Divinité de Jésus.............................. 41

4- Qui Sont Les Anges...............................58

5- Les Démons: Des Esprits Méchants.............66

6- Rechercher Le Sens de La Vie.................81

7- L'Espérance Chrétienne Après la Mort........89

8- Le Ciel, La Destination des Chrétiens.........103

9- L'Enfer, La Destination des Perdus...........112

Questions/Révision..............................118

Calendrier de Présentations

Dans cette série, certaines leçons sont très longues. Pour faciliter la présentation et appliquer effectivement la loi de la révision, nous proposons ci-dessous un calendrier de présentations.

Que le Seigneur nous aide à remettre l'enseignement de la parole à sa juste place et à ne pas le remplacer par les jeux, les concours d'argent et d'autres exhibitions charnelles.

Présentation	Sujet
1	Dieu Existe 1er. Point
2	Dieu Existe 2 & 3
3	Dieu Existe 4 and Extra
4	La Personne du Saint-Esprit 1, 2 & 3
5	La Personne du Saint-Esprit 3, 4 & 5
6	La Divinité de Jésus 1 & 2
7	La Divinité de Jésus 2 & 3
8	Qui sont les anges ? 1, 2 & 3
9	Les Démons : Des Esprits Méchants 1& 2
10	Les Démons : Des Esprits Méchants 3 & 4
11	Rechercher Le Sens de La Vie
12	L'Espérance Chrétienne Après la Mort 1 & 2
13	L'Espérance Chrétienne Après la Mort 3 & 4
14	L'Espérance Chrétienne Après la Mort 5 & 6
15	Le Ciel, La Destination des Chrétiens
16	L'Enfer, La destination des Perdus
17	Révision et Questions

Introduction

Nous remercions Dieu pour le don de la révélation écrite. Une révélation qui nous dévoile l'identité du créateur, sa toute puissance, son amour éternel et son plan de salut pour l'humanité. La sécularisation à outrance de notre société rejette l'idée d'un Dieu créateur et intronise l'homme comme majesté suprême et autorité finale de l'univers moral. Les leçons qui suivent nous permettront d'élaborer sur l'existence de Dieu, la personne du Saint-Esprit, la divinité de Jésus, l'existence des anges et des démons, le sens de la vie et l'au-delà. Dieu existe, l'homme doit l'adorer et le servir. Dieu se révèle à travers Jésus-Christ, l'homme est inexcusable. Le Saint-Esprit est notre consolateur, notre victoire est certaine. La vie a un sens; l'homme ne doit pas vivre comme les animaux, sans Dieu, sans espoir et sans but.

Nous prions le Seigneur qu'il imprime dans notre cœur sa parole qui est la vérité et qu'il atteigne son but à travers ces leçons imparfaitement écrites. Si ces leçons peuvent être en bénédiction à une personne d'une manière ou d'une autre, que toute la gloire revienne à Dieu.

Mes remerciements à mes parents Luccéus et Inocia, ma femme Nancy et nos enfants Danisha, Donald Jr. et Stephen. Mes remerciements vont également à mes frères et sœurs : Vaudral, Vody Elaine, Luxon, Nelson, Chris et Judith.

Je veux exprimer ma reconnaissance à tous mes conducteurs spirituels qui ont investi dans ma vie, à mes frères et sœurs dans la foi qui me soutiennent continuellement par leurs prières.

A Dieu soient La Gloire et L'Honneur

Donald Luxama
Woodbridge, NJ
9/24/2012

Leçon # 1

Sujet: Dieu Existe

Texte D'Étude : Genèse 1er :1er, Romains 1er : 19-20, Hébreux 1er :1-2

Texte D'or: *Psaumes 14 :1er L'insensé dit en son cœur : Il n'y a point de Dieu ! Ils se sont corrompus, ils ont commis des actions abominables ; Il n'en est aucun qui fasse le bien.*

Objectif : Etudier quelques vérités au sujet de Dieu, sa personne, sa nature et la responsabilité de l'homme envers lui.

Existence : Le fait d'exister, le fait d'être.

Dieu : Etre Suprême, créateur du ciel et de la terre. Il est Omnipotent, Omniscient et Omniprésent.

Omnipotent : *Qui est Tout-Puissant.*

Omniprésent : *Qui possède la faculté d'être présent en tous lieux en même temps.*

Omniscient : *Qui sait tout. Qui a une connaissance parfaite de toutes choses.*

N.B. Ces mots se rapportent uniquement à Dieu.

Introduction

Le sujet de notre leçon abonde dans le sens de la Bible qui commence avec l'affirmation de Dieu. *«Au commencement Dieu créa les cieux et la terre.» Genèse 1er :1er.* L'existence de Dieu a été au centre de nombreux débats au cours des siècles. Les uns, dans leur folie, répondant au nom des athéistes, déclarent que

Dieu n'existe pas. Les autres, dans leur incertitude, se réclamant d'être des agnostiques, déclarent qu'ils ne peuvent pas savoir si Dieu existe réellement. Les panthéistes, dans leur excès, déclarent que Dieu est tout et que tout est Dieu. Les polythéistes, eux-mêmes, disent qu'il n'y pas un seul Dieu et adorent une multitude de dieux, représentés par des idoles. Il y en a aussi ceux qui, sans faire partie d'une école de pensée systématique, prennent le nom de Dieu en vain en l'utilisant dans des jurons et des blasphèmes. Les Écritures prouvent sans équivoque l'existence de Dieu. La Bible affirme aussi que l'existence de Dieu peut être prouvée indépendamment de la révélation écrite. Car la connaissance de Dieu est universelle. Le Dieu de notre sujet se rapporte au Dieu de la Bible. Le Dieu créateur du ciel et de la terre. Celui qui se révèle comme le Dieu d'Abraham, d'Isaac et de Jacob. Dieu est trop grand pour que nous puissions le comprendre et le définir par des mots. Car il est dit dans le livre de Job : *Prétends-tu sonder les pensées de Dieu, Parvenir à la connaissance parfaite du Tout Puissant ? Job 11 :7.* Il est le Tout-Puissant. Nous croyons en Lui par la foi, nous croyons en Lui par l'évidence du Saint-Esprit dans nos cœurs, nous croyons en Lui par la raison, nous croyons en Lui par sa manifestation à travers sa création. Dieu n'est pas un sujet de doute pour nous. Car seul l'insensé dit en son cœur qu'il n'y a pas de Dieu. Notre démarche se concentrera sur la personne de Dieu, sa révélation à l'homme, sa nature et la responsabilité de l'homme envers lui.

1- Dieu se Révèle

2- Dieu est Esprit

3- Les Noms de Dieu et Leur Signification

4- Les Attributs de Dieu

*Extra (*Arguments Philosophiques)

1- Dieu se Révèle- Romains 1er :19-20

Dieu ne se cache pas. Il se révèle. Il se révèle avec le but pour que l'homme puisse le chercher, le trouver et le servir. *Il a voulu qu'ils cherchassent le Seigneur, et qu'ils s'efforçassent de le trouver en tâtonnant, bien qu'il ne soit pas loin de chacun de nous. Actes 17 :27.*

Dieu a choisi de se manifester à l'homme et de lui communiquer la connaissance de vérités sur sa personne et sur son plan de salut pour l'humanité. On distingue la révélation générale et la révélation spéciale.

Révélation Générale ou Naturelle. Manifestation de Dieu qui se fait connaître par la création et par la conscience de l'homme et son sens moral.

A- La Nature, La Création

La raison demande que là où il y a un *design*, il doit y avoir un *designer*. Les choses ne s'arrangent pas par elles-mêmes. Il a fallu un être intelligent pour les arranger. La beauté de la création, le merveilleux équilibre dans l'univers, la complexité du règne végétal, animal et minéral, la merveille de la création de l'homme nous pointent vers un être Tout-Puissant. Cette personne n'est autre que le Dieu de la Bible. Il a créé l'infiniment grand et l'infiniment petit. Son intelligence infinie se fait voir dans le micro et le macro Cosmos. Blaise Pascal, Mathématicien, Physicien et Théologien, parle de notre monde en ces termes : « *C'est une sphère infinie dont le centre est partout et la circonférence nulle part.* » Dans le film *Microcosmos : Le peuple de l'herbe* de Claude Nuridsany et de Marie Perennou, on ne peut que s'émerveiller devant le génie du créateur. Ce film, consacré aux insectes, révèle un autre monde que beaucoup d'entre nous ignorent : Le monde des insectes. La diversité des écosystèmes, des espèces, des populations vient de Dieu. Dieu créa les animaux les plus grands et les animaux les plus petits. Le chef d'œuvre du corps humain n'est pas le fruit du hasard ou de la chance explosant du néant, mais l'œuvre de Dieu. L'apôtre Paul explique que la création nous révèle 3 choses :

-Les Perfections invisibles de Dieu

-Sa Puissance éternelle

-Sa Divinité

Notre Dieu est parfait. Il n'y a pas en Lui de défaut. Il est Tout-Puissant. Il est Dieu de toute éternité. Quiconque nie l'existence de Dieu est un insensé. Car celui qui nie l'existence de Dieu, le créateur de toute chose, doit pouvoir apporter une explication logique, cohérente et satisfaisante au sujet de la création de l'univers dans lequel nous vivons, de l'origine de la vie, de l'origine de l'homme et de toute chose. Si les êtres dotés de raison nient l'existence de Dieu et lui refusent la gloire et l'honneur qui lui reviennent, les pierres, les arbres, les éléments de la nature ne cesseront de parler de sa grandeur.

Les cieux ont été faits par la parole de l'Éternel, Et toute leur armée par le souffle de sa bouche. **Psaumes 33 :6.**

Les cieux racontent la gloire de Dieu, Et l'étendue manifeste l'œuvre de ses mains. Le jour en instruit un autre jour, La nuit en donne connaissance à une autre nuit. Ce n'est pas un langage, ce ne sont pas des paroles Dont le son ne soit point entendu. Leur retentissement parcourt toute la terre, Leurs accents vont aux extrémités du monde, Où il a dressé une tente pour le soleil. Et le soleil, semblable à un époux qui sort de sa chambre, S'élance dans la carrière avec la joie d'un héros ; Il se lève à une extrémi-

*té des cieux, Et achève sa course à l'autre extrémité : Rien ne se dérobe à sa chaleur. **Psaumes 19 : 1-6.***

*Car ce qu'on peut connaître de Dieu est manifeste pour eux, Dieu le leur ayant fait connaître. En effet, les perfections invisibles de Dieu, sa puissance éternelle et sa divinité, se voient comme à l'œil, depuis la création du monde, quand on les considère dans ses ouvrages. Ils sont donc inexcusables. **Romains 1 :19-20.***

*Interroge les bêtes, elles t'instruiront, Les oiseaux du ciel, ils te l'apprendront ; Parle à la terre, elle t'instruira ; Et les poissons de la mer te le raconteront. Qui ne reconnaît chez eux la preuve Que la main de l'Éternel a fait toutes choses ? **Job 12 : 7-9.***

B- La Conscience

L'existence de Dieu est écrite dans la conscience de l'homme. Mais pour des raisons d'ordre moral, pour se soustraire aux exigences morales de la perfection de Dieu, l'homme essaie de calmer sa conscience en disant que Dieu n'existe pas. Mais au tréfonds du cœur de tout homme, il y a une voix, une voix qui parle de l'existence de Dieu et du devoir de l'homme envers Lui. Quelqu'un a dit les hommes rejettent l'existence de Dieu non parce qu'ils ne peuvent pas le trouver, mais parce qu'ils ont peur de lui rendre compte après la mort. S'il n'y avait point de Dieu, l'homme serait la mesure de toute chose. Si Dieu n'existait pas, la moralité qui établit la différence entre le bien et le mal, ne pourrait pas être expliquée. Si Dieu, le législateur moral, n'existe pas, il n'existe pas non plus de valeurs morales objectives. Or, nous le savons tous que les valeurs morales objectives, le bien et le mal, existent indépendamment du temps, de l'époque, des pays et des barrières culturelles. Il revient à dire que le sentiment d'injustice que nous ressentons tous après qu'un crime ait été commis trouve son origine en Dieu le donateur de la loi morale.

Car ce qu'on peut connaître de Dieu est manifeste pour eux, Dieu le leur ayant fait connaître. **Romains 1 :19.**

Quand les païens, qui n'ont point la loi, font naturellement ce que prescrit la loi, ils sont, eux qui n'ont point la loi, une loi pour eux-mêmes ; <u>ils montrent que l'œuvre de la loi est écrite dans leurs cœurs, leur conscience en rendant témoignage, et leurs pensées s'accusant ou se défendant tour à tour.</u> **Romains 2 :14-15.**

Il fait toute chose bonne en son temps <u>; même il a mis dans leur cœur la pensée de l'éternité,</u> bien que l'homme ne puisse pas saisir l'œuvre que Dieu fait, du commencement jusqu'à la fin. **Ecclésiaste 3 :11.**

Révélation Spécifique : Manifestation de Dieu communiquant à l'homme par la parole, des actes, des rêves, des visions, etc.

Dieu se révèle dans sa parole. Il révèle son nom, son caractère et son plan de salut pour l'humanité. Il se révèle à l'homme par :

C- La Parole

La Bible commence avec l'affirmation de l'existence de Dieu. La Bible nous présente Dieu comme le créateur de l'homme et de toute chose. La Bible nous révèle un Dieu personnel qui agit pour le bien de l'homme. Du livre de la Genèse à l'Apocalypse, le salut de l'homme est le but de Dieu. La parole rend témoignage de Dieu.

Je suis l'Eternel, et il n'y en a point d'autre, Hors moi il n'y a point de Dieu; Je t'ai ceint, avant que tu me connusses. **Esaïe 45 :5.**

*Je le jure par moi-même, La vérité sort de ma bouche et ma parole ne sera point révoquée: Tout genou fléchira devant moi, Toute langue jurera par moi. **Esaïe 45 :23.***

*Sachez donc que c'est moi qui suis Dieu, Et qu'il n'y a point de dieu près de moi; Je fais vivre et je fais mourir, Je blesse et je guéris, Et personne ne délivre de ma main. **Deutéronome 32 :39.***

*Car qui est Dieu, si ce n'est l'Eternel; Et qui est un rocher, si ce n'est notre Dieu? **Psaumes 18 :31.***

*Toute Écriture est inspirée de Dieu, et utile pour enseigner, pour convaincre, pour corriger, pour instruire dans la justice, afin que l'homme de Dieu soit accompli et propre à toute bonne œuvre. **2 Timothée 3 :16-17.***

E- Jésus-Christ

La révélation spéciale culmine en Jésus-Christ auquel les Écritures rendent témoignage. En Christ, le Dieu mystérieux et merveilleux nous est pleinement révélé.

*Après avoir autrefois, à plusieurs reprises et de plusieurs manières, parlé à nos pères par les prophètes, Dieu, dans ces derniers temps, nous a parlé par le Fils, qu'il a établi héritier de toutes choses, par lequel il a aussi créé le monde, et qui, étant le reflet de sa gloire et l'empreinte de sa personne, et soutenant toutes choses par sa parole puissante, a fait la purification des péchés et s'est assis à la droite de la majesté divine dans les lieux très hauts. **Hébreux 1er :1er-3.***

*Au commencement était la Parole, et la Parole était avec Dieu, et la Parole était Dieu. Elle était au commencement avec Dieu. Toutes choses ont été faites par elle, et rien de ce qui a été fait n'a été fait sans elle. En elle était la vie, et la vie était la lumière des hommes. **Jean 1er :1er-4.***

Personne n'a jamais vu Dieu; le Fils unique, qui est dans le sein du Père, est celui qui l'a fait connaître. **Jean 1:18.**

Dieu ne se révèle pas seulement pour se révéler. Mais il se révèle pour établir une relation entre lui et l'homme. Dieu a voulu que l'homme le cherchât et qu'il s'efforçât de le trouver.

Il a fait que tous les hommes, sortis d'un seul sang, habitassent sur toute la surface de la terre, ayant déterminé la durée des temps et les bornes de leur demeure; il a voulu qu'ils cherchassent le Seigneur, et qu'ils s'efforçassent de le trouver en tâtonnant, bien qu'il ne soit pas loin de chacun de nous, car en lui nous avons la vie, le mouvement, et l'être. **Actes 17.26-28.**

La révélation de Dieu à l'homme comprend la conjonction de trois éléments : L'intervention de Dieu, la responsabilité de l'homme, le Temps de Dieu.

Application : L'homme a une responsabilité de répondre à la révélation de Dieu. As-tu répondu à la révélation de Dieu en Jésus-Christ ?

2- Dieu est Esprit- Jean 4 :24

Dieu est Esprit, et il faut que ceux qui l'adorent en esprit et en vérité. **Jean 4 :24** .

Dieu est immatériel et incorporel. Jésus a dit à la femme samaritaine que Dieu est esprit et il faut que ceux qui l'adorent, l'adorent en esprit et en vérité. Dieu ne peut pas être représenté par aucune forme, aucune image taillée, aucune image photographiée, aucun monument, aucun temple, aucune représentation quelconque des choses qui sont en haut dans les cieux, qui sont en bas sur la terre, et qui sont dans les eaux plus bas que la terre. Sa présence remplit l'univers. Les cieux des cieux ne peuvent Le contenir. Dieu ne peut pas être quantifié, ni mesuré, ni étudié dans un tube à essai au laboratoire. Il est l'ancien des jours. Il est l'Alpha et l'Omega, le premier et le dernier. Il est un Esprit invisible qui transcende le temps, l'espace et la forme. Il n'a aucune limitation physique et temporelle. Il est incorporel. Cependant, il peut prendre la forme qu'il veut. Il peut prendre la forme d'un homme. Il peut être entendu dans une voix. Il peut se manifester dans un phénomène naturel, tel que les éclairs, le tonnerre, etc. Il s'est révélé à certains prophètes, mais aucun homme n'a jamais vu Dieu. L'homme peut voir une certaine manifestation de Dieu.

Personne n'a jamais vu Dieu ; le Fils unique, qui est dans le sein du Père, est celui qui l'a fait connaître. **Jean 1 :18.**

L'Éternel dit : Tu ne pourras pas voir ma face, car l'homme ne peut me voir et vivre. **Exode 33 :20.**

Je te recommande, devant Dieu qui donne la vie à toutes choses, et devant Jésus Christ, qui fit une belle confession devant Ponce Pilate, de garder le commandement, et de vivre sans tache, sans reproche, jusqu'à l'apparition de notre Seigneur Jésus Christ, que manifestera en son temps le bienheureux et seul souverain, le roi des rois, et le Seigneur des seigneurs, qui seul possède l'immortalité, qui habite une lumière inaccessible, que nul homme n'a vu ni ne peut voir, à qui appartiennent l'honneur et la puissance éternelle. Amen ! Au roi des siècles, **immortel, invisible***, seul Dieu, soient honneur et gloire, aux siècles des siècles ! Amen !* **1 Timothée 6 :13-17.**

La Bible utilise des expressions anthropomorphiques pour parler de Dieu. Ce sont des expressions qui représentent la divinité sous une forme humaine. Ces expressions sont utilisées pour notre compréhension.

Anthropomorphique : Qui représente sous des traits humains des êtres non humains.

Les Bras de L'Eternel : *Le Dieu d'éternité est un refuge, Et sous ses bras éternels est une retraite. Devant toi il a chassé l'ennemi, Et il a dit : Extermine. Deutéronome 33 : 27*

Les Yeux de L'Eternel *: Voici, l'œil de l'Éternel est sur ceux qui le craignent, Sur ceux qui espèrent en sa bonté. Psaumes 33 :18.*

L'Oreille de L'Eternel

Éternel ! Incline ton oreille, et écoute. Éternel ! Ouvre tes yeux, et regarde. Entends les paroles de Sanchérib, qui a envoyé Rabschaké pour insulter au Dieu vivant. 2 Rois 19 :16.

La Bouche de L'Eternel *: Alors tu mettras ton plaisir en l'Éternel, Et je te ferai monter sur les hauteurs du pays, Je te ferai jouir de l'héritage de Jacob, ton père ; Car la bouche de l'Éternel a parlé. Ésaïe 58 :14.*

Les hommes, dans leur aveuglement, adorent des morceaux de bois, des morceaux de béton ou des morceaux de marbre représentant des formes angéliques, humaines et animales. La Bible déclare que ces statues ou représentations sont toutes des idoles. Elles peuvent se trouver dans des églises, mais ce sont des idoles. Ces idoles ont une bouche et ne parlent point, elles ont des yeux et ne voient point, elles ont des oreilles et n'entendent point, elles ont un nez et ne sentent point. Notre Dieu est au-dessus de toutes ces choses. Rien ne peut lui être comparé. Nous devons l'adorer par la foi en esprit et en vérité.

Application : Dieu ne veut pas être adoré de manière idolâtre et superstitieuse. Adore Dieu en Esprit et en Vérité.

3- Quelques Noms de Dieu et Leur Signification

Le principe de l'identification de la personne est à la base toute société organisée et fonctionnante. Nous avons tous un nom par qui on nous appelle et nous différencie les uns des autres. Dieu a un nom. Il se fait connaitre sous des noms. Dieu n'est pas le nom de notre Dieu. Dieu est ce qu'il est, c'est-à-dire le Tout-Puissant, Créateur du ciel et de la terre. De la même manière, nous pouvons dire que homme n'est pas notre nom. Homme est ce que nous sommes. Quand Moise demanda à Dieu de lui révéler Son nom, Il répondit qu'Il est **« Je Suis »** *Moïse dit à Dieu : J'irai donc vers les enfants d'Israël, et je leur dirai : Le Dieu de vos pères m'envoie vers vous. Mais, s'ils me demandent quel est son nom, que leur répondrai-je ? Dieu dit à Moïse :* **Je suis celui qui suis.** *Et il ajouta : C'est ainsi que tu répondras aux enfants d'Israël : Celui qui s'appelle* **« je suis »** *m'a envoyé vers vous. Exode 3 :13-14.* « Je Suis » vient du tétragramme YHVH. Ce mot n'était jamais prononcé et son orthographe complète et sa prononciation sont supposés. On le transcrit dans les traductions par « Yahvé », « Yahweh » ou « Jéhovah ». La version Louis Second le remplace par « L'Eternel ou Le Seigneur.»

Dans la Bible hébraïque d'autres noms composés sont utilisés pour Dieu. Ces noms révèlent sa puissance, son autorité, son caractère, ses voies, et ses nombreuses promesses.

Jéhovah-Jiré : L'Eternel pourvoit. Il est le Dieu qui pourvoit à tous nos besoins selon sa richesse, sa bonté et son grand amour pour ses enfants.

Abraham donna à ce lieu le nom de Jehova Jiré. C'est pourquoi l'on dit aujourd'hui : A la montagne de l'Éternel il sera pourvu. Genèse 22 :14.

Et mon Dieu pourvoira à tous vos besoins selon sa richesse, avec gloire, en Jésus-Christ. Philippiens 4 :19.

Jéhovah-Rophi : L'Eternel qui guérit. Dieu n'a pas cessé d'être notre guérisseur. Nous pouvons nous tourner avec confiance vers Lui et implorer Sa grâce pour la guérison physique, spirituelle et émotionnelle. **Dans tous les cas de maladie, le docteur soigne, mais c'est Dieu qui guérit.**

«...Car je suis l'Éternel, qui te guérit.» Exode 15 :26.

Il guérit ceux qui ont le cœur brisé, Et il panse leurs blessures. Psaumes 147 :3.

C'est lui qui pardonne toutes tes iniquités, Qui guérit toutes tes maladies. Psaumes 103 :1ᵉʳ.

Jéhovah-Nissi : L'Eternel ma bannière.

Moïse bâtit un autel, et lui donna pour nom : l'Éternel ma bannière. Exode 17 :15.

Jéhovah-Shalom : L'Eternel paix. L'Eternel est notre paix. Il nous donne la paix de l'âme, la paix du cœur et la paix de la conscience. Il n'y a pas de paix dans le monde. Le monde est agité et troublé. Mais Dieu se révèle comme celui qui donne la vraie paix.

Gédéon bâtit là un autel à l'Éternel, et lui donna pour nom l'Éternel paix : il existe encore aujourd'hui à Ophra, qui appartenait à la famille d'Abiézer. Juges 6 :24.

Jéhovah-Sébaoth : L'Eternel des Armées. Il est le Dieu de l'armée D'Israël. Il est celui qui combat pour nous. Il combat ceux qui nous combattent. Nos ennemis ne remporteront jamais la victoire sur nous.

Chaque année, cet homme montait de sa ville à Silo, pour se *prosterner devant **l'Éternel des armées** et pour lui offrir des sacrifices. Là se trouvaient les deux fils d'Éli, Hophni et Phinées, sacrificateurs de l'Éternel.»* **1 Samuel 1 :3.**

Jéhovah-Roï : L'Eternel mon berger. Il est le bon berger qui donne sa vie pour ses brebis. Il est celui qui conduit son troupeau vers de beaux pâturages.

L'Éternel est mon berger, je ne manquerai de rien. **Psaumes 23 :1.**

Jéhovah-Shamma : L'Eternel présent. Il n'est jamais absent. Jésus nous a fait la promesse d'être toujours avec nous : *Et voici, je suis avec vous tous les jours, jusqu'à la fin du monde.*

« … L'Éternel est ici.» **Ézéchiel 48:35.**

Elohim *(Pluriel de Eloha)* : Mot Hébreu qui signifie Dieu

El Elion : Dieu Très Haut, le plus puissant.

Il bénit Abram, et dit: Béni soit Abram par le Dieu Très-Haut, maître du ciel et de la terre! Béni soit le Dieu Très-Haut, qui a livré tes ennemis entre tes mains! Et Abram lui donna la dîme de tout. **Genèse 14 :19-20.**

El Schaddai : Dieu Tout-Puissant.

Lorsque Abram fut âgé de quatre-vingt-dix-neuf ans, l'Eternel apparut à Abram, et lui dit: Je suis le Dieu tout-puissant. Marche devant ma face, et sois intègre. **Genèse 17:1.**

El Olam : Dieu éternel.

Ne le sais-tu pas? ne l'as-tu pas appris? C'est le Dieu d'éternité, l'Eternel, Qui a créé les extrémités de la terre; Il ne se fatigue point, il ne se lasse point; On ne peut sonder son intelligence. **Esaïe 40:28.**

Abraham planta des tamariscs à Beer-Schéba; et là il invoqua le

*nom de l'Eternel, Dieu de l'éternité. **Genèse 21 :33.***

4- Les Attributs de Dieu

Attribut : Ce qui appartient en propre à quelqu'un. Qualités et facultés propres.

Les attributs de Dieu sont les perfections qui sont de son essence. Ce sont des qualités qui lui sont inhérentes. Ces qualités ne peuvent être enlevées de son être. La Bible révèle certaines caractéristiques de Dieu. Généralement on les divise en deux groupes. Les attributs non communicables et les attributs communicables. Les attributs non communicables appartiennent à Dieu seulement. Les attributs communicables sont ceux que Dieu a décidé de partager avec l'homme.

L'Omnipotence : Dieu est Tout-Puissant. Il peut tout faire. Mais sa Toute-Puissance est limitée par sa nature. Il ne peut pas faire le mal, il ne peut pas mentir, il ne peut pas se renier lui-même. Il peut donc faire tout ce qu'il veut en accord avec ses perfections.

L'Omniscience : Dieu a une connaissance, une compréhension et une connaissance de toute chose et de chaque personne. Il voit la fin dans le commencement. *Psaume 147:4 «Il compte le nombre des étoiles, Il leur donne à toutes des noms»*

Dieu sait tout dans le passé, le présent et le futur.

*Afin que le reste des hommes cherche le Seigneur, Ainsi que toutes les nations sur lesquelles mon nom est invoqué, Dit le Seigneur, qui fait ces choses, <u>Et à qui elles sont connues de toute éternité</u>. **Actes 15 :17-18.***

J'annonce dès le commencement ce qui doit arriver, Et longtemps d'avance ce qui n'est pas encore accompli ; Je dis : Mes arrêts subsisteront, Et j'exécuterai toute ma volonté. Ésaïe 46 :10.

Ne le sais-tu pas ? Ne l'as-tu pas appris ? C'est le Dieu d'éternité, l'Éternel, Qui a créé les extrémités de la terre ; Il ne se fatigue point, il ne se lasse point ; On ne peut sonder son intelligence. **Ésaïe 40 :28.**

L'Omniprésence : Dieu n'est limitée ni par l'espace ni par le temps. Il est partout en même temps.

Où irais-je loin de ton esprit, Et où fuirais-je loin de ta face ? Si je monte aux cieux, tu y es ; Si je me couche au séjour des morts, t'y voilà. Si je prends les ailes de l'aurore, Et que j'aille habiter à l'extrémité de la mer, Là aussi ta main me conduira, Et ta droite me saisira. Si je dis : Au moins les ténèbres me couvriront, La nuit devient lumière autour de moi ; Même les ténèbres ne sont pas obscures pour toi, La nuit brille comme le jour, Et les té- nèbres comme la lumière. **Psaumes 139 :7-12.**

L'Immuabilité- Caractère de ce qui, par nature, demeure iden- tique et ne peut éprouver de changement. Dieu ne peut changer. La Bible déclare qu'il n'y a en Dieu aucune variation. *Toute grâce excellente et tout don parfait descendent d'en haut, du Père des lumières, chez lequel il n'y a ni changement ni ombre de va- riation.* **Jacques 1.17.**

Tu les rouleras comme un manteau et ils seront changés ; Mais toi, tu restes le même, Et tes années ne finiront point. **Hébreux 1 :12.**

Tout changement de lui-même est impossible. Il ne peut pas changer pour du meilleur ou pour du pire puisqu'il est abso- lument parfait. Il ne peut pas être plus sage, ni plus saint, ni plus juste, ni plus vrai, ni moins d'ailleurs.

Les Attributs Communicables : Les Attributs que l'homme peut partager.

L'amour : Dieu est amour.

Car Dieu a tant aimé le monde qu'il a donné son Fils unique, afin que quiconque croit en lui ne périsse point, mais qu'il ait la vie éternelle. **Jean 3 :16.**

Je vous donne un commandement nouveau : **<u>Aimez-vous les uns les autres</u>** *; comme je vous ai aimés, vous aussi, aimez-vous les uns les autres.* **Jean 13 :34.**

Jésus répondit : Voici le premier : Écoute, Israël, le Seigneur, notre Dieu, est l'unique Seigneur ; et : Tu aimeras le Seigneur, ton Dieu, de tout ton cœur, de toute ton âme, de toute ta pensée, et de toute ta force. Voici le second : Tu aimeras ton prochain comme toi-même. Il n'y a pas d'autre commandement plus grand que ceux-là. **Marc 12 :29-31.**

Quelques types d'amour :

Agapè: Mot grec pour L'amour divin. L'amour inconditionnel. L'amour Spirituel.

Eros : Amour physique.

Phileo: Amour fraternel, amitié, lien social.

Storgê : Mot grec qui décrit l'amour familial, comme l'amour d'un parent pour son enfant.

Dieu nous aime chacun avec un amour « agape », et Il nous ordonne d'aimer les uns les autres de cette manière.

21

La Bonté : Dieu est bon. Cet attribut de Dieu lui fait donner de façon désintéressée à des personnes qui ne le méritent pas.

Soyez bons les uns envers les autres, compatissants, vous pardonnant réciproquement, comme Dieu vous a pardonné en Christ. Éphésiens 4 :32.

La Sainteté : Dieu est moralement excellent. Il est un être parfait. Il est la pureté même dans tous ses aspects.

Parle à toute l'assemblée des enfants d'Israël, et tu leur diras : Soyez saints, car je suis saint, moi, l'Éternel, votre Dieu. Lévitique 19 :2.

La justice : Principe moral impliquant la conformité de la rétribution avec le mérite, le respect de ce qui est conforme au droit.

La patience : Qualité qui consiste à supporter sans impatience le comportement pénible d'une personne.

La sagesse : Juste connaissance des choses. Discernement parfait entre le bien et le mal, bonté infinie, sainteté, qui sont inhérents à la personne divine.

Application : La nature humaine est sujette aux péchés, aux faiblesses, aux défauts; mais en acceptant Jésus comme notre sauveur, Dieu nous déclare être une nouvelle création. Manifestons la nature divine dans notre vie.

Conclusion

Dieu existe. Le fait qu'il ne peut pas être vu ne dénie pas son existence. Le fait qu'il ne se révèle pas selon les attentes et les caprices de l'homme ne contredit pas son existence. Il y a une multitude de choses qui ne peuvent pas être vues, mais qui sont acceptées comme vraies. La douleur ne peut pas être vue ni touchée, mais tous nous admettons que la douleur existe. Parce qu'elle se ressent. Je ressens Dieu dans mon cœur et dans ma vie.

Je contemple chaque jour l'action transformatrice du Saint-Esprit dans ma vie. Aux honnêtes athéistes, il ne suffit pas de dire que Dieu n'existe pas pour gagner ce débat. Vous devez présenter une explication raisonnée en ce qui a trait à l'origine de la vie sur terre, l'ordre et l'équilibre dans la création, l'existence des valeurs morales, etc. Enfin, Dieu n'existe pas pour exister, mais il existe afin que l'homme puisse le servir et l'honorer. Jésus-Christ nous révèle Dieu. Je vous invite à accepter Jésus comme votre Sauveur et Seigneur pour être certain que vous avez mis vos pieds sur le chemin de la vérité qui conduit à la vie éternelle.

Arguments Philosophiques :

L'Argument Cosmologique

1. Tout ce qui commence à exister a une cause.
2. L'univers a commencé à exister.
3. Donc l'univers a une cause.

Tout effet a une cause. L'univers a eu un début, donc il y a eu une cause suffisante. Cette cause c'est Dieu. La cause est plus grande que l'univers. La première cause c'est Dieu ; il est indépendant et non causé. Dieu est éternel, alors il n'a jamais « commencé à exister,» il n'a donc pas de cause.

L'Argument Téléologique

1. Il existe de l'ordre dans la nature.
2. Or la matière ne produit pas spontanément de l'ordre.
3. Donc la cause de l'ordre de la nature est intentionnelle.

Cet argument met en accent que Dieu a fait toutes choses selon un plan exigeant de l'intelligence, donc Dieu est un être intelligent. Le réglage fin et précis des constantes physiques nécessaires à l'apparition de la vie atteste l'existence d'un être intelligent et cet être c'est Dieu.

L'Argument Moral

1. Si Dieu n'existe pas, alors les valeurs morales objectives n'existent pas.
2. Or les valeurs morales objectives existent.
3. Donc, Dieu existe.

L'argument moral part de l'existence de la loi morale qui nécessite l'existence d'un législateur.

A Dieu Soient La Gloire et L'Honneur!

Leçon # 2

Sujet: La Personne du Saint-Esprit

Texte D'Etude : Genèse 1 :2, Job 33 :4, Jean 14 :16, Actes 1 :8

Texte D'or : *Jean 14 :16 Et moi, je prierai le Père, et il vous donnera un autre consolateur, afin qu'il demeure éternellement avec vous.*

Objectif : Démontrer la divinité de la personne du Saint-Esprit et Etudier son œuvre dans la vie du croyant.

Introduction

La bible ne commence pas seulement avec l'affirmation de Dieu. Mais aussi avec la confirmation de la personne du Saint-Esprit. La bible précise que Le Saint-Esprit était actif dans la création. *La terre était informe et vide : il y avait des ténèbres à la surface de l'abîme, et **l'Esprit de Dieu** se mouvait au-dessus des eaux.* Le Saint-Esprit est une personne divine. Il n'est pas une vertu, une qualité ou un attribut de Dieu. Il n'est pas la force agissante de Dieu. Il est Dieu. Il est un avec le père et le Fils et possède tous les attributs de la divinité tout en étant distinct. Le Saint -Esprit est associé au Père et au Fils sur la base d'une distinction et d'une égalité. *Allez, faites de toutes les nations des disciples, les baptisant au nom du Père, du Fils et du Saint Esprit. **Matthieu 28:19**.* L'Apôtre Pierre déclara que mentir au Saint-Esprit c'est mentir à Dieu. Nous nous appliquerons à prouver, par les écritures, la divinité de la personne du Saint-Esprit et expliquer son œuvre dans la vie du croyant.

1-Le Saint-Esprit est Une Personne

2-Le Saint-Esprit est Dieu

3-Le Saint-Esprit : Une aide dans la vie du Croyant

4-Le Fruit de L'Esprit

5-Le Baptême dans le Saint-Esprit

1-Le Saint-Esprit est Une Personne

La bible décrit le Saint-Esprit comme une personne divine ayant des caractéristiques personnelles. Une personne est un être vivant, conscient de son existence, qui pense, veut et agit consciemment. Le Saint-Esprit est une personne au même titre que le Père et le Fils. Voyons quelques traits de caractère exprimant la personnalité du Saint-Esprit.

A- Le Saint-Esprit est une personne à qui l'on peut mentir, et il est Dieu :

*Pierre lui dit : Ananias, pourquoi Satan a-t-il rempli ton cœur, au point que tu mentes au Saint Esprit, et que tu aies retenu une partie du prix du champ ? **Actes 5 :3.***

*S'il n'eût pas été vendu, ne te restait-il pas ? Et, après qu'il a été vendu, le prix n'était-il pas à ta disposition ? Comment as-tu pu mettre en ton cœur un pareil dessein ? **Ce n'est pas à des hommes que tu as menti, mais à Dieu. Actes 5 :4.***

B- Le Saint-Esprit a une volonté

*Un seul et même Esprit opère toutes ces choses, les distribuant à chacun en particulier comme il veut. **1 Corinthiens 12 :11.***

C- Le Saint-Esprit peut être attristé

*N'attristez pas le Saint Esprit de Dieu, par lequel vous avez été scellés pour le jour de la rédemption. **Éphésiens 4 :30.***

D- Le Saint-Esprit peut être résisté

Hommes au cou raide, incirconcis de cœur et d'oreilles ! Vous vous opposez toujours au Saint Esprit. Ce que vos pères ont été, vous l'êtes aussi. **Actes 7 :51.**

E- Jésus appelle le Saint-Esprit l'autre Consolateur c'est-à-dire un autre Lui-même.

Et moi, je prierai le Père, et il vous donnera un autre consolateur, afin qu'il demeure éternellement avec vous. **Jean 14 :16.**

F- Le Saint Esprit parle

Que celui qui a des oreilles entende ce que l'Esprit dit aux Eglises. **Apocalypse 2 :7.**

G- Le Saint-Esprit nous aide dans notre faiblesse et prie pour nous.
Seul un être doué de personnalité peut comprendre nos problèmes et nous venir en aide. (RA Torrey).

De même aussi l'Esprit nous aide dans notre faiblesse, car nous ne savons pas ce qu'il nous convient de demander dans nos prières. Mais l'Esprit lui-même intercède par des soupirs inexprimables. **Romains 8 :26.**

H- Le Saint-Esprit nous console et nous enseigne

Mais le consolateur, l'Esprit saint que le Père enverra en mon nom, vous enseignera toutes choses, et vous rappellera tout ce que je vous ai dit. **Jean 14:26.**

I- Le Saint-Esprit nous dirige dans le service chrétien

Ayant été empêchés par le Saint Esprit d'annoncer la parole dans l'Asie, ils traversèrent la Phrygie et le pays de Galatie. Arrivés près de la Mysie, ils se disposaient à entrer en Bithynie ; mais l'Esprit de Jésus ne le leur permit pas. **Actes 16:6-7**

Le Saint Esprit dit : Mettez-moi à part Barnabas et Saul pour l'œuvre à laquelle je les ai appelés. **Actes13 :2.**

J- Le Saint-Esprit donne et distribue les dons spirituels

...Or, à chacun la manifestation de l'Esprit est donnée pour l'utilité commune. En effet, à l'un est donnée par l'Esprit une parole de sagesse ; à un autre, une parole de connaissance, selon le même Esprit... **1 Corinthiens 12 :1-11.**

K- Le Saint-Esprit opère toutes choses

Un seul et même Esprit opère toutes ces choses, les distribuant à chacun en particulier comme il veut. **1 Corinthiens 12 :11.**

Il est évident dans la parole de Dieu que le Saint-Esprit est une personne, une entité douée de personnalité tout comme le Père et le Fils. Il possède les trois éléments de la personnalité : **La volonté, Le sentiment, l'intelligence.** Il accomplit des actes personnels. Pour nous chrétiens, le Saint-Esprit n'est pas une personne à prouver, mais le consolateur qui doit remplir notre vie, l'enseignant de qui nous devons recevoir les révélations divines, le paraclet qui nous inonde de la puissance divine, le donateur dont l'onction de sa présence nous demandons en ces termes :

Rends-toi maître de nos âmes,
Esprit-saint, Esprit d'amour !
Et de tes divines flammes
Embrase-nous en ce jour.

Oh ! Viens, Esprit de Dieu !
Fais-nous sentir ta présence,
Revêts-nous de ta puissance
Et baptise-nous de feu !

Esprit de Dieu ! Baptise-nous de feu !

2-Le Saint-Esprit est Dieu

Le Saint-Esprit est Dieu. Il est important de résumer notre croyance en étudiant ce point. *Nous croyons en un seul Dieu, existant de toute éternité en trois personnes : le Père, le Fils et le Saint-Esprit, Créateur du ciel et de la terre, de toutes les choses visibles et invisibles, révélé en Jésus-Christ le Fils unique, par le moyen des Écritures.* Le Saint-Esprit possède tous les attributs de Dieu. Seul Dieu est éternel, omniscient, omnipotent et omniprésent, et le Saint Esprit est tout cela. Hébreux 9 :14 affirme que le Saint Esprit est éternel : *« Combien plus le sang de Christ, qui, par l'Esprit éternel, s'est offert lui-même sans tache à Dieu, purifiera-t-il votre conscience des œuvres mortes, afin que vous serviez le Dieu vivant. »* Le Saint-Esprit est omniscient : *Dieu nous les a révélés par l'Esprit, <u>car l'Esprit sonde tout</u>, même les profondeurs de Dieu. 1 Corinthiens 2 :10.* Le Saint-Esprit participait dans la création. *L'esprit de Dieu m'a créé, Et le souffle du Tout-Puissant m'anime. Job 33 :4.* Jésus chassait les démons par le Saint-Esprit. *Mais, si c'est par l'Esprit de Dieu que je chasse les démons, le royaume de Dieu est donc venu vers vous. Matthieu 12:28.* Le Saint-Esprit est nommé sur la même ligne, et en liaison avec le Père et le Fils. *Allez, faites de toutes les nations des disciples, les baptisant au nom du Père, du Fils et du Saint Esprit, Matthieu 28 :28.*

Que la grâce du Seigneur Jésus Christ, l'amour de Dieu, et la communication du Saint Esprit, soient avec vous tous ! 2 Corinthiens 13 :13.

Or, le Seigneur c'est l'Esprit ; et là où est l'Esprit du Seigneur, là est la liberté. 2 Corinthiens 3 :17.

Le Saint-Esprit est une personne divine. Il est Dieu. Il a un nom : Le Saint-Esprit. Remarquons que Jésus n'a pas demandé aux disciples de baptiser les nouveaux disciples **aux noms**... mais **au nom**... Nous avons un seul Dieu qui se révèle sous le nom du Père, du Fils et du Saint Esprit. Bien-aimés, ne faisons pas le débat sur la nature du Saint-Esprit la finalité de notre étude, mais puissions-nous désirer expérimenter chaque jour la flamme de sa puissance dans notre vie. Que nos voix s'élèvent pour dire :

> *Saint-Esprit de la promesse,*
> *Qui nous scellas de ton sceau,*
> *Dévoile-nous la richesse*
> *De l'héritage d'en-haut.*

> *Oh ! Viens, Esprit de Dieu !*
> *Fais-nous sentir ta présence,*
> *Revêts-nous de ta puissance*
> *Et baptise-nous de feu !*
> *Esprit de Dieu ! Baptise-nous de feu !*

3- Le Saint-Esprit : Une Aide dans la vie du Croyant

De tous les temps bibliques, le Saint-Esprit se révèle comme étant l'aide indispensable aux saints de Dieu pour accomplir sa volonté. On ne saurait être agréable à Dieu sans l'action du Saint-Esprit dans sa vie. On ne saurait réussir dans le ministère chrétien sans être revêtu de la puissance du Saint-Esprit.

Moise

L'Éternel descendit dans la nuée, et parla à Moïse ; il prit de l'esprit qui était sur lui, et le mit sur les soixante-dix anciens. Et dès *que l'esprit reposa sur eux, ils prophétisèrent ; mais ils ne continuèrent pas. **Nombres 11 :25.***

Saül

*L'esprit de l'Éternel te saisira, tu prophétiseras avec eux, et tu seras changé en un autre homme. **1 Samuel 10 :6.***

*Lorsqu'ils arrivèrent à Guibea, voici, une troupe de prophètes vint à sa rencontre. L'esprit de Dieu le saisit, et il prophétisa au milieu d'eux. **1 Samuel 10 :10.***

*L'esprit de l'Éternel se retira de Saül, qui fut agité par un mauvais esprit venant de l'Éternel. **1 Samuel 16 :14.***

David

Samuel prit la corne d'huile, et l'oignit au milieu de ses frères. L'esprit de l'Éternel saisit David, à partir de ce jour et dans la suite. Samuel se leva, et s'en alla à Rama. 1 Samuel 16 :13.

*Ne me rejette pas loin de ta face, Ne me retire pas ton esprit saint. **Psaumes 51 :11.***

Gédéon

*Gédéon fut revêtu de l'esprit de l'Éternel; il sonna de la trompette, et Abiézer fut convoqué pour marcher à sa suite. **Juges 6:34 .***

Samson

*La femme enfanta un fils, et lui donna le nom de Samson. L'enfant grandit, et l'Éternel le bénit. Et l'esprit de l'Éternel commença à l'agiter à Machané Dan, entre Tsorea et Eschthaol. **Juges 13 :24-25.***

L'esprit de l'Éternel saisit Samson ; et, sans avoir rien à la main, Samson déchira le lion comme on déchire un chevreau. Il ne dit point à son père et à sa mère ce qu'il avait fait. **Juges 14 :6.**

Nous venons de voir que la présence du Saint-Esprit dans une vie produit toujours une différence positive. Quand le Saint-Esprit est présent, il agit, bénit, édifie, délivre et console. Quand il est absent, l'homme est livré à lui-même, à ses ressources naturelles pour faire face à la vie.

Dans la nouvelle alliance, le Saint-Esprit est donné à tous ceux qui sont nés de nouveau. Le Saint-Esprit est le sceau de Dieu dans la vie du croyant. Il est impossible de devenir chrétien puis de grandir dans la foi sans l'assistance du Saint-Esprit. L'expérience de la conversion peut être exprimée par les termes suivants : Naître par le Saint-Esprit, naître de nouveau, recevoir la vie éternelle. Le Saint-Esprit est l'agent de la nouvelle naissance et il habite le croyant né de nouveau.

Une fois que vous avez accepté Jésus-Christ comme votre Sauveur personnel, vous lui appartenez, et le Saint-Esprit habite en vous, que vous le ressentiez ou non. Nous ne sommes pas appelés à vivre par les sentiments mais par la foi. Louez et remerciez le Seigneur pour le don du Saint-Esprit.

De même aussi l'Esprit nous aide dans notre faiblesse, car nous ne savons pas ce qu'il nous convient de demander dans nos prières. Mais l'Esprit lui-même intercède par des soupirs inexprimables. **Romains 8 :26.**

Ne savez-vous pas que vous êtes le temple de Dieu, et que l'Esprit de Dieu habite en vous ? **1 Corinthiens 3 :16.**

Ne savez-vous pas que votre corps est le temple du Saint Esprit qui est en vous, que vous avez reçu de Dieu, et que vous ne vous appartenez point à vous-mêmes ? **1 Corinthiens 6 :19.**

Celui qui garde ses commandements demeure en Dieu, et Dieu en lui ; et nous connaissons qu'il demeure en nous par l'Esprit qu'il nous a donné. 1 Jean 3 :24.

Et parce que vous êtes fils, Dieu a envoyé dans nos cœurs l'Esprit de son Fils, lequel crie : Abba ! Père ! Galates 4 :6.

Pour vous, vous ne vivez pas selon la chair, mais selon l'esprit, si du moins l'Esprit de Dieu habite en vous. Si quelqu'un n'a pas l'Esprit de Christ, il ne lui appartient pas. Romains 8 :9.

4- Le Fruit de L'Esprit

Dieu nous commande de marcher selon l'esprit. Nous ne devons pas marcher selon la chair, c'est à dire selon les désirs du vieil homme. Marcher selon l'Esprit est possible grâce à l'Esprit de Dieu qui habite en nous. Nous pouvons vivre cette réalité que L'apôtre Paul exprime en ces termes : *Ceux qui sont à Jésus-Christ ont crucifié la chair avec ses passions et ses désirs. Galates 5 :24.*

Le fruit de l'Esprit est :

Mais le fruit de l'Esprit, c'est l'amour, la joie, la paix, la patience, la bonté, la bénignité, la fidélité. Galates 5 :22.

-La Joie : Émotion profonde liée à la satisfaction d'un désir. Etat de satisfaction qui se manifeste par de la gaité et de la bonne humeur.

Réjouissez-vous toujours dans le Seigneur ; je le répète, réjouissez-vous. Philipiens 4 :4.

-La Paix : Absence de conflit, de querelles entre des personnes; état de concorde. *Exemple : Paix dans la famille, dans le foyer; une parole de paix; faire la paix avec son prochain.*

Heureux ceux qui procurent la paix, car ils seront appelés fils de Dieu ! Matthieu 5 :9.

- La Patience : Qualité qui consiste à supporter sans impatience le comportement pénible d'une personne. Qualité qui consiste à attendre quelqu'un ou quelque chose qui tarde sans marquer d'impatience. Qualité qui consiste à persévérer dans une entreprise longue et pleine d'obstacles.

*Réjouissez-vous en espérance. Soyez patients dans l'affliction. Persévérez dans la prière. **Romains 12 :12.***

-La Bonté : Qualité de celui ou de celle qui est bon ou bonne.

*Soyez bons les uns envers les autres, compatissants, vous pardonnant réciproquement, comme Dieu vous a pardonné en Christ. **Ephésiens 4 :32.***

-La Bénignité : Caractère ou qualité consistant à être bon, doux et indulgent. **Indulgent :** Qui excuse, qui est enclin à comprendre et à pardonner les fautes d'autrui.

-La Fidélité : Souci de la foi donnée, respect des engagements pris. (Attachement à notre foi chrétienne.)

-La Douceur : Qualité morale d'une personne douce.

*Que votre douceur soit connue de tous les hommes. Le Seigneur est proche. **Philipiens 4 :5.***

-La Tempérance : Modération, sobriété.

Il est un impératif pour le chrétien de vivre selon L'Esprit. Il est une obligation pout tout homme né de nouveau de produire le fruit de L'Esprit. La parole de Dieu réfute toutes excuses liées au tempérament, à la lignée familiale ou tribale pour vivre selon notre ancienne nature. Ne pas cultiver le fruit de l'esprit dans notre vie revient à attrister le Saint-Esprit. Nous attristons et éteignons Le Saint-Esprit de Dieu en refusant d'écouter sa voix et de lui obéir, en pratiquant les œuvres de la chair et en nous conformant au monde et aux choses qui sont dans le monde.

Je dis donc : Marchez selon l'Esprit, et vous n'accomplirez pas les désirs de la chair. Car la chair a des désirs contraires à ceux de l'Esprit, et l'Esprit en a de contraires à ceux de la chair ; ils sont opposés entre eux, afin que vous ne fassiez point ce que vous voudriez. Si vous êtes conduits par l'Esprit, vous n'êtes point sous la loi. **Or, les œuvres de la chair sont manifestes, ce sont l'impudicité, l'impureté, la dissolution, l'idolâtrie, la magie, les inimitiés, les querelles, les jalousies, les animosités, les disputes, les divisions, les sectes, l'envie, l'ivrognerie, les excès de table, et les choses semblables.** *Je vous dis d'avance, comme je l'ai déjà dit, que ceux qui commettent de telles choses n'hériteront point le royaume de Dieu. Mais le fruit de l'Esprit, c'est l'amour, la joie, la paix, la patience, la bonté, la bénignité, la fidélité, la douceur, la tempérance.* **Galates 5 : 16-22.**

Forme-nous pour le service
De notre divin Sauveur ;
A ses pieds, en sacrifice,
Nous apportons notre cœur.

Oh ! Viens, Esprit de Dieu !
Fais-nous sentir ta présence,
Revêts-nous de ta puissance
Et baptise-nous de feu !
Esprit de Dieu ! Baptise-nous de feu !

5- Le Baptême dans le Saint-Esprit.

Le Baptême dans le Saint-Esprit est une expression biblique. Il est une expérience vécue par de nombreuses personnes dans la bible. Il n'est pas quelque chose que nous devons craindre ou rejeter du revers de la main selon notre affiliation ecclésiologique. Nous devons étudier les versets qui en parlent pour vivre les bénédictions que Dieu a mises à notre disposition.

Il y a deux compréhensions majeures concernant le baptême dans le Saint-Esprit parmi les chrétiens évangéliques. La première est que la nouvelle naissance constitue le baptême du Saint-Esprit. La personne née de nouveau est automatiquement baptisée du Saint-Esprit. C'est une seule et même expérience. *En lui vous aussi, après avoir entendu la parole de la vérité, l'Évangile de votre salut, en lui vous avez cru et vous avez été scellés du Saint Esprit qui avait été promis, lequel est un gage de notre héritage, pour la rédemption de ceux que Dieu s'est acquis, à la louange de sa gloire.* **Ephésiens 1 :13-14.**

Et moi, je prierai le Père, et il vous donnera un autre consolateur, afin qu'il demeure éternellement avec vous, l'Esprit de vérité, que le monde ne peut recevoir, parce qu'il ne le voit point et ne le connaît point ; mais vous, vous le connaissez, car il demeure avec vous, et il sera en vous. **Jean 14 :16-17.**

La deuxième opinion, à laquelle j'adhère, est que le baptême dans le Saint-Esprit est une expérience distincte de la nouvelle naissance.

Le baptême du (dans le) Saint-Esprit est un revêtement de puissance pour le témoignage. C'est le don de la puissance d'en haut accordé au cœur pur et à la vie sanctifiée. Il est une expérience distincte de la nouvelle naissance. Nous pouvons prier le Seigneur pour cette bénédiction.

Mais vous recevrez une puissance, le Saint-Esprit survenant sur vous, et vous serez mes témoins à Jérusalem, dans toute la Judée, dans la Samarie, et jusqu'aux extrémités de la terre. **Actes 1 :8.**

Les mentions du Baptême dans le Saint-Esprit dans la bible :

*Moi, je vous baptise d'eau, pour vous amener à la repentance ; mais celui qui vient après moi est plus puissant que moi, et je ne suis pas digne de porter ses souliers. Lui, <u>il vous baptisera du Saint Esprit et de feu.</u> **Mattieu 3 :11.***

*Moi, je vous ai baptisés d'eau ; lui, <u>il vous baptisera du Saint Esprit.</u> **Marc 1 :8.***

*Il leur dit à tous : Moi, je vous baptise d'eau ; mais il vient, celui qui est plus puissant que moi, et je ne suis pas digne de délier la courroie de ses souliers. <u>Lui, il vous baptisera du Saint Esprit et de feu.</u> **Luc 3 :16.***

Je ne le connaissais pas, mais celui qui m'a envoyé baptiser d'eau, celui-là m'a dit : Celui sur qui tu verras l'Esprit descendre et s'arrêter, <u>c'est celui qui baptise du Saint Esprit.</u> Jean 1 :33.

*Car Jean a baptisé d'eau, mais vous, dans peu de jours, <u>vous serez baptisés du Saint Esprit.</u> **Actes 1 :5.***

*Et je me souviens de cette parole du Seigneur : Jean a baptisé d'eau, mais vous, <u>vous serez baptisés du Saint Esprit.</u> **Actes 11 :16.***

Voir aussi Actes 19 :1-7

Frères et Sœurs, Dieu veut que nous soyons remplis du Saint-Esprit. L'expression « Baptême du Saint-Esprit » ne doit pas être un sujet de division parmi les frères. Quelle que soit votre position sur ce sujet, Jésus vous appelle à être rempli du Saint-Esprit. *Ne vous enivrez pas de vin : c'est de la débauche. Soyez, au contraire, remplis de l'Esprit.* **Ephésiens 5 :18.**

Le baptême dans le Saint-Esprit est un don de Dieu. C'est

une promesse de Dieu pour tous ceux qui se repentent de leurs péchés et croient au Seigneur Jésus. *Dans les derniers jours, dit Dieu, je répandrai de mon Esprit sur toute chair ; Vos fils et vos filles prophétiseront, Vos jeunes gens auront des visions, Et vos vieillards auront des songes. Oui, sur mes serviteurs et sur mes servantes, Dans ces jours-là, je répandrai de mon Esprit ; et ils prophétiseront.* **Actes 2 :17-18.**

Alors Pierre, rempli du Saint-Esprit, leur dit : Chefs du peuple, et anciens d'Israël. **Actes 4 : 8.**

Quand ils eurent prié, le lieu où ils étaient assemblés trembla; ils furent tous remplis du Saint-Esprit, et ils annonçaient la parole de Dieu avec assurance. **Actes 4 :31.**

C'est pourquoi, frères, choisissez parmi vous sept hommes, de qui l'on rende un bon témoignage, qui soient pleins d'Esprit-Saint et de sagesse, et que nous chargerons de cet emploi. **Actes 6 :3.**

Mais Etienne, rempli du Saint-Esprit, et fixant les regards vers le ciel, vit la gloire de Dieu et Jésus debout à la droite de Dieu. **Actes 7 :55.**

Ananias sortit; et, lorsqu'il fut arrivé dans la maison, il imposa les mains à Saul, en disant : Saul, mon frère, le Seigneur Jésus, qui t'est apparu sur le chemin par lequel tu venais, m'a envoyé pour que tu recouvres la vue et que tu sois rempli du Saint-Esprit. **Actes 9 :17.**

Paul et Barnabas secouèrent contre eux la poussière de leurs pieds, et allèrent à Icone, tandis que les disciples étaient remplis de joie et du Saint Esprit. **Actes 13 :51-52.**

Pour recevoir ce revêtement de puissance, il faut y croire, le désirer ardemment, le demander au Seigneur (Luc 11 :13), abandonner tout péché connu dans sa vie et prier avec foi. La poursuite d'être rempli du Saint-Esprit est un but noble. La poursuite d'être plein d'Esprit-Saint et de foi est scripturaire et recommandée. Cette poursuite révolutionnera toute votre vie chrétienne et vous fera vivre au-dessus de la négligence, l'indifférence, la déchéance et la faiblesse spirituelle. Puissions-nous désirer ardemment la manifestation de la présence du Saint-Esprit dans nos vies. Puissions-nous désirer toute la plénitude du Saint-Esprit. Puissions-nous aspirer profondément aux dons du Saint-Esprit. Que nous soyons remplis du Saint-Esprit. L'apôtre Paul nous enseigne d'aspirer aux dons spirituels. Demandons au Saint-Esprit de nous conduire de victoire en victoire à travers les mots de ce beau cantique:

Esprit de vie et de gloire,
Conduis-nous de jour en jour,
Et de victoire en victoire,
Jusqu'au céleste séjour.

Oh ! Viens, Esprit de Dieu !
Fais-nous sentir ta présence,
Revêts-nous de ta puissance
Et baptise-nous de feu !
Esprit de Dieu ! Baptise-nous de feu !

Conclusion

Notre parcours nous a permis de voir que Le Saint-Esprit est Dieu au même titre que Le père et Le Fils. Il est une personne. Il agissait dans le passé et il agit encore aujourd'hui. Son œuvre dans la vie du croyant est très grande. Nous vivons sous la dispensation (temps) du Saint-Esprit. Nous recevons les riches bénédictions de Dieu à travers le Saint-Esprit. Devant nos difficultés journalières, il se révèle comme le paraclet : « Celui qui console, celui qui intercède et l'avocat.» Son action dans nos vies et dans nos églises n'est pas automatique. La manifestation de sa puissance dans nos vies, nos foyers et nos églises n'est pas automatique. L'homme peut lui donner le libre accès d'agir, de bénir, d'aider ou on peut le mépriser, l'outrager, le mettre à l' écart, l'attrister et même l'éteindre dans notre vie par notre mauvaise manière de vivre. Bien-aimés, même s'il y a beaucoup de formes, de show-business, d'expériences émotionnelles, d'imitations, de désordre dans la compréhension de la manifestation de la puissance du Saint-Esprit, Soyez rassurés que la manifestation de la puissance du Saint-Esprit est une réalité biblique valide encore aujourd'hui. Puissions-nous nous en passer du débat théologique qui nous divise et qui exalte notre orgueil pour entrer dans une communion profonde avec le Saint-Esprit et expérimenter personnellement les dons spirituels pour l'utilité commune. Que le Seigneur vous bénisse.

A Dieu Soient La Gloire et L'Honneur!

Leçon # 3

Sujet : La Divinité Jésus-Christ

Texte d'étude : Jean 1er :1er, Apocalypse 1er :8, 18.

Texte d'or : *Apocalypse 1 :18 Je suis le premier et le dernier, et le vivant. J'étais mort ; et voici, je suis vivant aux siècles des siècles. Je tiens les clefs de la mort et du séjour des morts.*

Objectif : Démontrer que Jésus est Dieu et qu'Il est digne de notre adoration.

Introduction

Qui dit-on que je suis, moi, le Fils de l'homme? Cette question, bien que déjà répondue depuis des millénaires, n'a cessé d'être encore à l'honneur au cœur du débat religieux et philosophique de notre époque. Athées et croyants, religieux et libertins, monarques et paysans, riches et pauvres ont tous la responsabilité d'adopter une position à la réponse de cette question. Car d'elle en dépendent le salut ou la perdition, la vie ou mort, le ciel ou l'enfer, le pardon ou la condamnation, la grâce ou le jugement et l'esclavage du péché ou la liberté. Les titres et les qualificatifs sont nombreux pour parler de celui qui est ressuscité du tombeau, glorifié par les élus, adoré par les anges, admiré par les docteurs de la loi, craint par les rois et honoré par ses ennemis. L'Apôtre Pierre a reçu la révélation divine au sujet de la personne de Jésus quand il répondit : *« Tu es le Christ, le Fils du Dieu vivant. » **Matthieu 16 :16.*** Les juifs avaient clarifié leur compréhension de l'appellation « Fils de Dieu » dans le verset suivant. *A cause de cela, les Juifs cherchaient encore plus à le faire mourir, non seulement parce qu'il violait le sabbat, mais* *parce qu'il appelait Dieu son propre Père, se faisant lui-même égal à Dieu. **Jean 5 :18.*** Jésus est le Seigneur des Seigneurs, le Roi des rois, le Dieu véritable. Il est Emanuel, nom qui signifie **Dieu avec Nous.** Jésus est le Dieu qui ne restait pas loin pour nous sauver, mais qui est descendu parmi nous et qui a partagé notre propre nature. En Jésus nous retrouvons l'union de la nature divine et de la nature humaine. Jésus est notre Seigneur et notre Dieu. Jésus est le Fils de Dieu. Celui que nous adorons et devant qui nous plions les genoux. La personne de Christ est le fondement de la foi chrétienne. Etudions la personne de Jésus, notre merveilleux sauveur, à travers les points suivants.

1- L'Existence Eternelle de Jésus

2- La Divinité de Jésus

3- L'Adoration de Jésus-Christ

4- L'Humanité de Jésus

1- L'Existence Eternelle de Jésus

Jésus a préexisté avant son incarnation sur la terre. Il a toujours existé. Il n'avait ni commencement ni fin. Il est le premier et le dernier. Il a existé de toute éternité bien avant qu'il s'est dépouillé lui-même, en prenant une forme de serviteur et en devenant semblable aux hommes.

*Je suis l'alpha et l'oméga, dit le Seigneur Dieu, celui qui est, qui était, et qui vient, le Tout Puissant. **Apocalypse 1 :8.***

*Je suis le premier et le dernier, et le vivant. J'étais mort ; et voici, je suis vivant aux siècles des siècles. Je tiens les clefs de la mort et du séjour des morts. **Apocalypse 1 :18.***

Au commencement était la Parole, et la Parole était avec Dieu, et la Parole était Dieu. **Jean 1er :1er**

Abraham, votre père, a tressailli de joie de ce qu'il verrait mon jour : il l'a vu, et il s'est réjoui. Les Juifs lui dirent : Tu n'as pas encore cinquante ans, et tu as vu Abraham ! Jésus leur dit : En vérité, en vérité, je vous le dis, avant qu'Abraham fût, **je suis.** **Jean 8 :56-58.**

Et toi, Bethléhem Éphrata, Petite entre les milliers de Juda, De toi sortira pour moi Celui qui dominera sur Israël, <u>*Et dont l'origine remonte aux temps anciens, Aux jours de l'éternité.*</u> **Michée 5 :1.**

Car un enfant nous est né, un fils nous est donné, Et la domination reposera sur son épaule ; On l'appellera Admirable, Conseiller, Dieu puissant, <u>*Père éternel*</u>*, Prince de la paix.* **Ésaïe 9 :5**

« Et maintenant, Père, glorifie-moi auprès de toi-même de la gloire que j'ai eue auprès de toi avant que le monde fût », **Jean 17 :5.**

Jésus n'a pas de commencement ni de fin. Il est Eternel. Un attribut qui revient uniquement à Dieu. Les versets cités plus haut sont suffisamment explicites pour établir que notre Seigneur Jésus a toujours existé.

Application : Adorons celui qui, lorsqu'il s'est révélé à Jean sur L'ile de Patmos, a dit : Je suis le premier et le dernier, et le vivant. J'étais mort ; et voici, je suis vivant aux siècles des siècles.

2- La Divinité de Jésus

Jésus est Dieu selon les écritures. Les preuves bibliques de la divinité de Jésus sont abondantes. Accepter que Jésus est Dieu est nécessaire pour le salut. Car la bible dit qu'on doit confesser de sa bouche le Seigneur Jésus pour être sauvé. Seigneur dans ce sens signifie Dieu. Ce même mot est utilisé par Ésaïe quand il avait vu Dieu assis sur le trône. Notons que dans la traduction grecque des livres de l'Ancien Testament, le nom ineffable sous lequel Dieu s'est révélé à Moïse est rendu par Seigneur ou L'Eternel. Le mot Seigneur (Kurios) a plusieurs sens. Il peut signifier un titre honorifique humain, une marque de politesse pour s'adresser à une personne, une expression d'autorité et de propriété ou l'équivalent de Jéhovah. Les trois emplois sont utilisés en référence à Jésus.

A- Jésus-Christ est appelé «Seigneur»

En parlant de Dieu le père Esaïe a dit : *L'année de la mort du roi Ozias, je vis le Seigneur assis sur un trône très élevé, et les pans de sa robe remplissaient le temple.* ***Ésaïe 6 :1.***

Car quiconque invoquera le nom du Seigneur sera sauvé. Romains 10 :13.

Ce verset est une citation de l'ancien testament trouvé dans le livre du prophète Joël :

Alors quiconque invoquera le nom de l'Éternel sera sauvé ; Le salut sera sur la montagne de Sion et à Jérusalem, Comme a dit l'Éternel, Et parmi les réchappés que l'Éternel appellera. ***Joël 2 :32.***

À l'Église de Dieu qui est à Corinthe, à ceux qui ont été sanctifiés en Jésus Christ, appelés à être saints, et à tous ceux qui invoquent en quelque lieu que ce soit le nom de notre Seigneur Jésus Christ, leur Seigneur et le nôtre. **1 Corinthiens 1 :2.**

Si tu confesses de ta bouche <u>le Seigneur Jésus</u>, et si tu crois dans ton cœur que Dieu l'a ressuscité des morts, tu seras sauvé. **Romains 10 :9.**

*Mais l'ange leur dit : Ne craignez point ; car je vous annonce une bonne nouvelle, qui sera pour tout le peuple le sujet d'une grande joie : c'est qu'aujourd'hui, dans la ville de David, il vous est né un Sauveur, qui est le Christ, **le Seigneur**. **Luc 2 :10-11.***

*nous prêchons la sagesse de Dieu, mystérieuse et cachée, que Dieu, avant les siècles, avait destinée pour notre gloire, sagesse qu'aucun des chefs de ce siècle n'a connue, car, s'ils l'eussent connue, ils n'auraient pas crucifié **<u>le Seigneur de gloire</u>**. **1 Corinthiens 2 :7-8.***

*C'est pourquoi je vous déclare que nul, s'il parle par l'Esprit de Dieu, ne dit : Jésus est anathème ! et que nul ne peut dire : **Jésus est le Seigneur** ! si ce n'est par le Saint Esprit. **1 Corinthiens 12 :3.***

*Afin qu'au nom de Jésus tout genou fléchisse dans les cieux, sur la terre et sous la terre, et que toute langue confesse que Jésus Christ est Seigneur, à la gloire de Dieu le Père. **Philippiens 2 :10-11.***

*Les apôtres rendaient avec beaucoup de force témoignage de la résurrection du Seigneur Jésus. Et une grande grâce reposait sur eux tous. **Actes 4 :33.***

Comme les pharisiens étaient assemblés, Jésus les interrogea, en disant : Que pensez-vous du Christ ? De qui est-il fils ? Ils lui répondirent : De David. Et Jésus leur dit : Comment donc David, *animé par l'Esprit, l'appelle-t-il **Seigneur**, lorsqu'il dit : **Le Seigneur a dit à mon Seigneur** : Assieds-toi à ma droite, Jusqu'à ce que je fasse de tes ennemis ton marchepied ? Si donc David l'appelle Seigneur, comment est-il son fils ? **Matthieu 22 :42-45.***

Jésus s'applique aussi le titre de «Seigneur» de manière explicite en s'adressant à ses Apôtres: *Vous m'appelez **Maître et Seigneur**, et vous avez raison, car vraiment je le suis. **Jean 13 : 13.***

*Que toute la maison d'Israël sache donc avec certitude que Dieu a fait Seigneur et Christ ce Jésus que vous avez crucifié. **Actes 2 :36.***

*Lequel, existant en forme de Dieu, n'a point regardé comme une proie à arracher d'être égal avec Dieu, mais s'est dépouillé lui-même, en prenant une forme de serviteur, en devenant semblable aux hommes ; et ayant paru comme un simple homme, il s'est humilié lui-même, se rendant obéissant jusqu'à la mort, même jusqu'à la mort de la croix. <u>C'est pourquoi aussi Dieu l'a souverainement élevé, et lui a donné le nom qui est au-dessus de tout nom, afin qu'au nom de Jésus tout genou fléchisse dans les cieux, sur la terre et sous la terre, et que toute langue confesse que Jésus Christ est Seigneur, à la gloire de Dieu le Père.</u>   **Philipiens 2 :6-11.***

Ce verset est une citation d'Ésaïe 45 :22 appliquée à Dieu. Paul l'applique à Jésus.

*Tournez-vous vers moi, et vous serez sauvés, Vous tous qui êtes aux extrémités de la terre ! Car je suis Dieu, et il n'y en a point d'autre. Je le jure par moi-même, La vérité sort de ma bouche et ma parole ne sera point révoquée : **Tout genou fléchira devant moi, Toute langue jurera par moi. Ésaïe 45 :22-23.***

Et quoi que vous fassiez, en parole ou en œuvre, faites tout au nom du Seigneur Jésus, en rendant par lui des actions de grâces à Dieu le Père. Colossiens 3 :1.

Il a envoyé la parole aux fils d'Israël, en leur annonçant la paix par Jésus Christ, qui est le Seigneur de tous. Actes 10 :36.

NB : Le mot Seigneur a plusieurs significations :

B- Jésus est Appelé Dieu

*Car un enfant nous est né, un fils nous est donné, Et la domination reposera sur son épaule ; On l'appellera Admirable, Conseiller, **Dieu puissant**, Père éternel, Prince de la paix. Ésaïe 9 :5.*

Jésus est appelé Dieu puissant dans ce verset. Ceux qui nient la divinité de Jésus disent que Jésus est un Dieu puissant, mais non le Dieu Tout-Puissant. Ils ignorent qu'Ésaïe a fait l'usage du même terme Dieu puissant (EL guibbor) comme le nom de Dieu (Jéhovah). Regardons ce que dit ce verset.

En ce jour-là, Le reste d'Israël et les réchappés de la maison de Jacob, Cesseront de s'appuyer sur celui qui les frappait ; Ils s'appuieront avec confiance sur l'Éternel, le Saint d'Israël. Le reste reviendra, le reste de Jacob, Au Dieu puissant. Ésaïe 10 :20-21.

*Thomas lui répondit : **Mon Seigneur et mon Dieu !** Jésus lui dit : Parce que tu m'as vu, tu as cru. Heureux ceux qui n'ont pas vu, et qui ont cru ! Jean 20 :28-29.*

Remarquons que Jésus n'avait pas repris Thomas. Ceci prouve que Jésus reconnaissait la vérité de la déclaration de Thomas. Jésus est notre Seigneur et notre Dieu.

L'apôtre Jean, le disciple bien-aimé de Christ, écrit également au sujet de Jésus-Christ cette affirmation : *C'est lui qui est le*

Dieu véritable *et la vie éternelle.* ***Jean 5: 20.***

Car en lui habite corporellement toute la plénitude de la divinité. Vous avez tout pleinement en lui, qui est le chef de toute domination et de toute autorité. **Colossiens 2: 9-10.**

L'Apôtre Jean commence son évangile avec l'affirmation de la divinité de Jésus-Christ et son incarnation. Il nous présente Jésus comme Co-Créateur de toutes choses.

Au commencement était la Parole, et la Parole était avec Dieu, ***et la Parole était Dieu****. Elle était au commencement avec Dieu. Toutes choses ont été faites par elle, et rien de ce qui a été fait n'a été fait sans elle.* ***Jean 1 :1-3.***

L'auteur de l'épitre aux Hébreux reprend une affirmation de L'ancien Testament énoncée dans le livre des Psaumes.

Mais il a dit au Fils : ***Ton trône, ô Dieu est éternel*** *; Le sceptre de ton règne est un sceptre d'équité ; Tu as aimé la justice, et tu as haï l'iniquité ; C'est pourquoi,* ***ô Dieu****, ton Dieu t'a oint D'une huile de joie au-dessus de tes égaux. Et encore :* ***Toi, Seigneur****, tu as au commencement fondé la terre, Et les cieux sont l'ouvrage de tes mains ;* ***Hébreux 1 :8-10.***

Ton trône, ô Dieu, est à toujours *; Le sceptre de ton règne est un sceptre d'équité. Tu aimes la justice, et tu hais la méchanceté :* ***C'est pourquoi, ô Dieu, ton Dieu*** *t'a oint D'une huile de joie, par privilège sur tes collègues.* ***Psaumes 45 :7-8.***

Ainsi parle l'Éternel, roi d'Israël et son rédempteur, L'Éternel des armées : <u>*Je suis le premier et je suis le dernier*</u>*, Et hors moi il n'y a point de Dieu.* ***Ésaïe 44 :6.***

Mais si je les fais, quand même vous ne me croyez point, croyez à ces œuvres, afin que vous sachiez et reconnaissiez que <u>le Père est en moi et que je suis dans le Père.</u> **Jean 10:38.**

Mais Jésus leur répondit : Mon Père agit jusqu'à présent ; moi aussi, j'agis. A cause de cela, les Juifs cherchaient encore plus à le faire mourir, non seulement parce qu'il violait le sabbat, mais parce qu'il appelait Dieu son propre Père, se faisant lui-même égal à Dieu. **Jean 5 :17-18.**

Ayez en vous les sentiments qui étaient en Jésus Christ, lequel, existant en forme de Dieu, n'a point regardé comme une proie à arracher d'être égal avec Dieu, mais s'est dépouillé lui-même, en prenant une forme de serviteur, en devenant semblable aux hommes; et ayant paru comme un simple homme, il s'est humilié lui-même, se rendant obéissant jusqu'à la mort, même jusqu'à la mort de la croix. **Philipiens 2:5-8.**

Jésus, dans ses affirmations, s'attribue la même nature que son Père. Il y a une égalité de nature. Les Juifs ont compris, en entendant ces paroles, que Jésus s'attribuait la divinité. C'était pour cela qu'ils voulaient le lapider: *Mon Père et moi, nous sommes un... Ce n'est pas pour tes bonnes œuvres que nous te lapidons, mais à cause de ton blasphème, parce que toi qui es un homme, tu te fais Dieu.* **Jean 10 :30-33.**

Je suis l'alpha et l'oméga, dit le Seigneur Dieu, celui qui est, qui était, et qui vient, le Tout Puissant. **Apocalypse 1 :8.**

Dieu déclare dans Esaïe 44 :6 qu'il est le premier et le dernier. Jésus revendique aussi ce même titre dans Apocalypse 1 :17. ***Puisqu'il ne peut pas y avoir deux premiers et deux derniers, il revient à dire que Jésus est Dieu.***

*Ainsi parle l'Éternel, roi d'Israël et son rédempteur, L'Éternel des armées : Je suis le premier et je suis le dernier, Et hors moi il n'y a point de Dieu. **Ésaïe 44 :6.***

*Je suis le premier et le dernier, et le vivant. J'étais mort ; et voici, je suis vivant aux siècles des siècles. Je tiens les clefs de la mort et du séjour des morts. **Apocalypse 1 :17.***

*Car Dieu était en Christ, réconciliant le monde avec lui-même, en n'imputant point aux hommes leurs offenses, et il a mis en nous la parole de la réconciliation. **2 Corinthiens 5 :19.***

*Car je voudrais moi-même être anathème et séparé de Christ pour mes frères, mes parents selon la chair, qui sont Israélites, à qui appartiennent l'adoption, et la gloire, et les alliances, et la loi, et le culte, et les promesses, et les patriarches, et de qui est issu, selon la chair, le Christ, qui est au-dessus de toutes choses, **Dieu béni éternellement. Amen ! Romains 9 :3-5.***

Application : Devant l'incrédulité du monde concernant la divinité de Jésus-Christ, puissions-nous vaincre notre doute et exclamer comme Thomas : *« **Mon Seigneur et Mon Dieu.** »*

3- L'Adoration de Jésus-Christ

Dans la bible les mots utilisés pour exprimer le verbe français adorer sont nombreux. Le mot grec le plus utilisé dans le nouveau testament pour le verbe adorer est Proskuneo qui signifie se courber, prosterner. La bible enseigne clairement que seul Dieu doit être adoré. *Jésus lui répondit : Il est écrit : Tu adoreras le Seigneur, ton Dieu, et tu le serviras lui seul.* **Luc 4 :8.** L'ange commande à Jean d'adorer Dieu seulement. *Mais il me dit : Garde-toi de le faire ! Je suis ton compagnon de service,* *et celui de tes frères les prophètes, et de ceux qui gardent les paroles de ce livre. Adore Dieu. Apocalypse 22 :9.* L'adoration doit être attribuée à Dieu seulement. Si Jésus acceptait d'être adoré c'est qu'il est Dieu. Si Jésus acceptait l'adoration des disciples ou la génuflexion des hommes c'est qu'il est Dieu. Si les disciples adoraient Jésus c'est qu'ils le reconnaissaient comme étant Dieu. L'adoration de Jésus est intimement liée à sa divinité.

Dans l'Ancien Testament, le fait de se courber devant un homme était une chose courante liée à la culture. Se courber dans l'ancien testament ne veut pas dire nécessairement adorer ou donner une adoration. Par contre, dans le Nouveau, il est formellement interdit de se courber genoux à terre devant des hommes, des anges, des images et des statues. Il est remarquable de constater que Jésus ne réagit nullement lorsqu'Il reçoit ce genre d'honneur.

Les Anges Refusent d'être Adorés

Et je tombai à ses pieds pour l'adorer ; mais il me dit : Garde-toi de le faire ! Je suis ton compagnon de service, et celui de tes frères qui ont le témoignage de Jésus. Adore Dieu. -Car le témoignage de Jésus est l'esprit de la prophétie. Apocalypse 9 :10.

C'est moi Jean, qui ai entendu et vu ces choses. Et quand j'eus entendu et vu, je tombai aux pieds de l'ange qui me les montrait, pour l'adorer. Mais il me dit : Garde-toi de le faire ! Je suis ton compagnon de service, et celui de tes frères les prophètes, et de ceux qui gardent les paroles de ce livre. Adore Dieu. Apocalypse 22 :8-9.

Si Jésus avait été un ange, il aurait refusé l'adoration, comme l'ange envoyé par le Seigneur l'a fait quand l'apôtre Jean s'était jeté à ses pieds pour l'adorer.

Les Apôtres Refusaient d'être Adorés

Lorsque Pierre entra, Corneille, qui était allé au-devant de lui, tomba à ses pieds et se prosterna (Proskunesen) . Mais Pierre le releva, en disant : Lève-toi ; moi aussi, je suis un homme. **Actes 10: 25-26.**

A la vue de ce que Paul avait fait, la foule éleva la voix, et dit en langue lycaonienne : Les dieux sous une forme humaine sont descendus vers nous. Ils appelaient Barnabas Jupiter, et Paul Mercure, parce que c'était lui qui portait la parole. Le prêtre de Jupiter, dont le temple était à l'entrée de la ville, amena des taureaux avec des bandelettes vers les portes, et voulait, de même que la foule, offrir un sacrifice. Les apôtres Barnabas et Paul, ayant appris cela, déchirèrent leurs vêtements, et se précipitèrent au milieu de la foule, en s'écriant : O hommes, pourquoi agissez-vous de la sorte ? Nous aussi, nous sommes des hommes de la même nature que vous ; et, vous apportant une bonne nouvelle, nous vous exhortons à renoncer à ces choses vaines, pour vous tourner vers le Dieu vivant, qui a fait le ciel, la terre, la mer, et tout ce qui s'y trouve. **Actes 14 :11-15.**

Jésus Reçoit l'Adoration

Jésus en recevant l'adoration accepte le fait qu'il est Dieu digne d'honneur et d'adoration.

*Pendant qu'il les bénissait, il se sépara d'eux, et fut enlevé au ciel. Pour eux**, après l'avoir adoré**, ils retournèrent à Jérusalem avec une grande joie ; et ils étaient continuellement dans le temple, louant et bénissant Dieu.* **Luc 24 :51-53.**

*Ceux qui étaient dans la barque vinrent **se prosterner devant Jé-***

sus, et dirent : Tu es véritablement le Fils de Dieu. **Matthieu 14 :33.**

Quand ils le virent, **ils se prosternèrent devant lui**. Mais quelques-uns eurent des doutes. **Matthieu 28 :17.**

Ils entrèrent dans la maison, virent le petit enfant avec Marie, sa mère, se prosternèrent et l'adorèrent ; ils ouvrirent ensuite leurs trésors, et lui offrirent en présent de l'or, de l'encens et de la myrrhe. **Matthieu 2 :11.**

Jésus apprit qu'ils l'avaient chassé ; et, l'ayant rencontré, il lui dit : Crois-tu au Fils de Dieu ? Il répondit : Et qui est-il, Seigneur, afin que je croie en lui ? Tu l'as vu, lui dit Jésus, et celui qui te parle, c'est lui. Et il dit : Je crois, Seigneur. **Et il se prosterna devant lui. Jean 9 :35-38.**

Et voici, Jésus vint à leur rencontre, et dit : Je vous salue. Elles s'approchèrent pour saisir ses pieds, et **elles se prosternèrent devant lui. Matthieu 28 :9.**

Et lorsqu'il introduit de nouveau dans le monde le premier-né, il dit : **Que tous les anges de Dieu l'adorent ! Hébreux 1 :6**

Lorsque Marie fut arrivée là où était Jésus, et qu'elle le vit, **elle tomba à ses pieds,** et lui dit : Seigneur, si tu eusses été ici, mon frère ne serait pas mort. **Jean 11 :32.**

Quand il eut pris le livre, les quatre êtres vivants et les vingt-quatre vieillards **se prosternèrent devant l'agneau,** tenant chacun une harpe et des coupes d'or remplies de parfums, qui sont les prières des saints. Et ils chantaient un cantique nouveau, en disant : Tu es digne de prendre le livre, et d'en ouvrir les sceaux ; car tu as été immolé, et tu as racheté pour Dieu par ton sang des hommes de toute tribu, de toute langue, de tout peuple, et de toute nation ; tu as fait d'eux un royaume et des sacrificateurs pour *notre Dieu, et ils régneront sur la terre. Je regardai, et j'entendis la voix de beaucoup d'anges autour du trône et des êtres vivants et des vieillards, et leur nombre était des myriades de myriades et des milliers de milliers. Ils disaient d'une voix forte : L'agneau qui a été immolé est digne de recevoir la puissance, la richesse, la sagesse, la force, l'honneur, la gloire, et la louange. Et toutes les créatures qui sont dans le ciel, sur la terre, sous la terre, sur la mer, et tout ce qui s'y trouve, je les entendis qui disaient : A celui qui est assis sur le trône, et à l'agneau, soient la louange, l'honneur, la gloire, et la force, aux siècles des siècles ! Et les quatre êtres vivants disaient : Amen ! Et les vieillards **se proster-nèrent et adorèrent.** Apocalypse 5 :8-14.*

*Afin que tous honorent le Fils comme ils honorent le Père. Celui qui n'honore pas le Fils n'honore pas le Père qui l'a envoyé. **Jean 5 :23.***

*Les quatre êtres vivants ont chacun six ailes, et ils sont remplis d'yeux tout autour et au dedans. Ils ne cessent de dire jour et nuit : Saint, saint, saint est le Seigneur Dieu, le Tout Puisant, qui était, qui est, et qui vient ! Quand les êtres vivants rendent gloire et honneur et actions de grâces à celui qui est assis sur le trône, à celui qui vit aux siècles des siècles, les vingt-quatre vieillards se prosternent devant celui qui est assis sur le trône et ils adorent celui qui vit aux siècles des siècles, et ils jettent leurs couronnes devant le trône, en disant : Tu es digne, notre Seigneur et notre Dieu, de recevoir la gloire et l'honneur et la puissance ; car tu as créé toutes choses, et c'est par ta volonté qu'elles existent et qu'elles ont été créées. **Apocalypse 4 :8-11.***

*À l'Église de Dieu qui est à Corinthe, à ceux qui ont été sanctifiés en Jésus Christ, appelés à être saints, et à tous ceux qui **invo-***

quent en quelque lieu que ce soit le nom de notre Seigneur Jésus Christ, leur Seigneur et le nôtre. 1 Corinthiens 1 :2.

Trois fois j'ai prié le Seigneur de l'éloigner de moi, et il m'a dit : Ma grâce te suffit, car ma puissance s'accomplit dans la faiblesse. Je me glorifierai donc bien plus volontiers de mes faiblesses, afin que la puissance de Christ repose sur moi. 1 Corinthiens 12 :8-9.

Je vous ai écrit ces choses, afin que vous sachiez que vous avez la vie éternelle, vous qui croyez au nom du Fils de Dieu. Nous avons auprès de lui cette assurance, que si nous demandons quelque chose selon sa volonté, il nous écoute. Et si nous savons qu'il nous écoute, quelque chose que nous demandions, nous savons que nous possédons la chose que nous lui avons demandée. 1 Jean 5 :13-15.

Et ils lapidaient Étienne, qui priait et disait : Seigneur Jésus, reçois mon esprit ! Actes 7 :59.

Celui qui atteste ces choses dit : Oui, je viens bientôt. Amen ! Viens, Seigneur Jésus ! Apocalypse 22 :20.

4- L'Humanité de Jésus

Car il y a un seul Dieu, et aussi un seul médiateur entre Dieu et les hommes, Jésus Christ homme, qui s'est donné lui-même en rançon pour tous. 1 Timothée 2:5-6.

parce qu'il a fixé un jour où il jugera le monde selon la justice, par l'homme qu'il a désigné, ce dont il a donné à tous une preuve certaine en le ressuscitant des morts...Actes 17:31.

Jésus est à la fois Dieu et homme. C'est un mystère. Il

était né d'une vierge. C'est aussi un mystère. Jésus partageait notre nature humaine. *En conséquence, il a dû être rendu semblable en toutes choses à ses frères, afin qu'il fût un souverain sacrificateur miséricordieux et fidèle dans le service de Dieu, pour faire l'expiation des péchés du peuple. **Hébreux 2 :17.*** L'humanité de Jésus était nécessaire dans le plan de la rédemption. Parce que c'était un homme qui avait péché, il aurait fallu que le châtiment du péché fût porté par un homme. La pénalité du péché inclut la souffrance du corps et de l'âme que seul un homme peut la subir. *Maintenant mon âme est troublée. Et que dirais-je ?... Père, délivre-moi de cette heure ?... Mais c'est pour cela que je suis venu jusqu'à cette heure. **Jean 12 :27.*** *Mais Dieu a accompli de la sorte ce qu'il avait annoncé d'avance par la bouche de tous ses prophètes, que son Christ devait souffrir. **Actes 3 :18.*** Il était nécessaire qu'il ait pris la nature humaine avec toutes ses limitations. Il devait être aussi sans péché. Jésus était sans péché. Il n'avait jamais commis de péché. Un pécheur ne peut mourir pour expier les péchés des autres. *Il nous convenait, en effet, d'avoir un souverain sacrificateur comme lui, saint, innocent, sans tache, séparé des pécheurs, et plus élevé que les cieux. **Hébreux 7 :26.***

*Lui qui n'a point commis de péché, Et dans la bouche duquel il ne s'est point trouvé de fraude. **1 Pierre 2 :22.***

*Car, ayant été tenté lui-même dans ce qu'il a souffert, il peut secourir ceux qui sont tentés. **Hébreux 2 :18.***

*C'est en vertu de cette volonté que nous sommes sanctifiés, par l'offrande du corps de Jésus Christ, une fois pour toutes. **Hébreux 10 :10.***

*Lui qui a porté lui-même nos péchés en son corps sur le bois, afin que morts aux péchés nous vivions pour la justice ; lui par les meurtrissures duquel vous avez été guéris. **1 Pierre 2 :24.***

Le châtiment qui nous donne la paix est tombé sur Jésus. Notre Seigneur a subi le juste jugement de Dieu. Il a subi la colère de Dieu pour nos péchés. Il a souffert dans son corps et dans son âme.

Application : *Car nous n'avons pas un souverain sacrificateur qui ne puisse compatir à nos faiblesses ; au contraire, il a été tenté comme nous en toutes choses, sans commettre de péché.* **Hébreux 4 :15.**

Conclusion

Jésus n'est pas le plus grand homme jamais vécu comme les témoins de Jéhovah l'appellent. Il n'est pas un homme extraordinaire. Il n'est pas un ange supérieur. Jésus-Christ n'est pas non plus un petit dieu. Il est Dieu, objet de notre amour, de nos louanges et de nos adorations. Son nom est au-dessus de tout autre nom que l'on puisse nommer. C'est le seul nom par lequel le pécheur puisse être sauvé. La question christologique est encore valable pour nous aujourd'hui. Si Jésus vous demande : Qui dites-vous que je suis ? Quelle sera votre réponse ? Moi je veux lui répondre ce que Simon Pierre lui a répondu : **Tu es le Christ, le Fils du Dieu vivant.** Je veux m'exclamer comme Thomas : **Mon Seigneur et mon Dieu.** Devant lui je veux fléchir les genoux et jeter mes couronnes. Je veux unir ma voix à cette chorale qui chante : « **L'agneau qui a été immolé est digne de recevoir la puissance, la richesse, la sagesse, la force, l'honneur, la gloire, et la louange.** »

A Dieu Soient La Gloire et L'Honneur!

Leçon # 4

Sujet : Qui Sont Les Anges ?

Texte d'étude : Hébreux 1 :13-14

Texte d'or : *Hébreux 2 :14 Ne sont-ils pas tous des esprits au service de Dieu, envoyés pour exercer un ministère en faveur de ceux qui doivent hériter du salut ?*

Objectif : Etudier quelques vérités sur les anges, leur origine, leur nature et leur ministère.

Introduction

L'existence des anges fait partie de l'enseignement biblique. Le mot ange vient du grec ángelos qui signifie Messager ou Envoyé. Au sens simple, les anges sont des envoyés de Dieu pour accomplir sa volonté. L'écriture établit que les anges nous servent. Ils sont des envoyés de Dieu pour remplir un ministère envers nous qui devons hériter le salut. Le chrétien ne maintient aucune relation avec les anges. Le chrétien ne s'adresse pas aux anges. Il ne prie ni invoque les anges. Les anges sont simplement aux ordres de Dieu pour nous servir. Etudions quelques vérités sur l'existence des anges, leur origine, leur nature et leur rôle.

1- L'Origine des Anges

2- La Nature des Anges

3- Le Ministère des Anges

1- L'Origine des Anges

C'est toi, Éternel, toi seul, qui as fait les cieux, les cieux des cieux et toute leur armée, la terre et tout ce qui est sur elle, les mers et

58

tout ce qu'elles renferment. Tu donnes la vie à toutes ces choses, et l'armée des cieux se prosterne devant toi. **Néhémie 9 :6.**

Car en lui ont été créées toutes les choses qui sont dans les cieux et sur la terre, les visibles et les invisibles, trônes, dignités, dominations, autorités. Tout a été créé par lui et pour lui. **Colossiens 1 :16.**

Louez-le, vous tous ses anges ! Louez-le, vous toutes ses armées !

Les anges sont des créatures de Dieu. Ils étaient créés tous bons au commencement. La Bible ne nous donne pas beaucoup de détails sur leur création. Mais l'écriture affirme que toutes choses ont été créées par Dieu. Puisque les anges ne se reproduisent pas, nous pouvons dire qu'ils avaient été créés tous dans leur totalité par Dieu. Leur nombre est incalculable. *Mais vous vous êtes approchés de la montagne de Sion, de la cité du Dieu vivant, la Jérusalem céleste, des myriades qui forment le chœur des anges.* **Hébreux 12 : 22.**

Application : Reconnaissez que Dieu seul est digne louange. Toutes les créatures dans les cieux et sur la terre ont été créées par lui.

2- La Nature des Anges

Les anges sont des êtres personnels. Ils possèdent, l'intelligence, l'émotion et la volonté. *De même, je vous le dis, il y a de la joie devant les anges de Dieu pour un seul pécheur qui se repent.* **Luc 15 :10.**   *Et soudain il se joignit à l'ange une multitude de l'armée céleste, louant Dieu et disant : Gloire à Dieu dans les lieux très hauts, Et paix sur la terre parmi les hommes qu'il agrée !* **Luc 2 :13-14.** Ils sont des esprits. Ils n'ont pas de corps. Ils ne sont pas omnipotents, ni omniscients ni omniprésents. Ils sont généralement invisibles. Ils peuvent prendre la forme d'un homme quand c'est nécessaire. *(Christophanie, Théophanie, Angélophanie.)* Leur aspect est généralement brillant et glorieux. Parfois ils sont décrits avec des ailes. *Des séraphins se tenaient au-dessus de lui ; ils avaient chacun six ailes ; deux dont ils se couvraient la face, deux dont ils se couvraient les pieds, et deux dont ils se servaient pour voler. Ésaïe 6 :2.*

-Les anges ne se marient pas.

Car, à la résurrection, les hommes ne prendront point de femmes, ni les femmes de maris, mais ils seront comme les anges de Dieu dans le ciel. Matthieu 22 :30.

-Les anges ne meurent pas.

Car ils ne pourront plus mourir, parce qu'ils seront semblables aux anges, et qu'ils seront fils de Dieu, étant fils de la résurrection. Luc 20 :36.

-Ils sont intelligents. Ils sont plus forts que les hommes

Tandis que les anges, supérieurs en force et en puissance, ne portent pas contre elles de jugement injurieux devant le Seigneur. 2 Pierre 2 :11.

Bénissez l'Éternel, vous ses anges, Qui êtes puissants en force, et qui exécutez ses ordres, En obéissant à la voix de sa parole ! Psaumes 103 :20.

Mais un ange du Seigneur, ayant ouvert pendant la nuit les portes de la prison, les fit sortir, et leur dit : Allez, tenez-vous dans le temple, et annoncez au peuple toutes les paroles de cette vie. Actes 5 :19.

-Ils sont invisibles.

Ils sont invisibles, à moins que Dieu donne la capacité de

les voir. Balaam ne pouvait pas voir l'ange qui se tenait devant lui jusqu'à ce que Dieu lui ouvrît les yeux. *L'Éternel ouvrit les yeux de Balaam, et Balaam vit l'ange de l'Éternel qui se tenait sur le chemin, son épée nue dans la main ; et il s'inclina, et se prosterna sur son visage. Nombres 22 :31.*

Leur demeure est dans le ciel, mais à cause de leurs activités ils ont accès à l'univers entier. Ils constituent une armée. Il y a plusieurs classes d'anges. Les Séraphins, les Chérubins. La bible révèle le nom deux anges: Gabriel et Michel. Daniel 8 :16 ; 9 :21 ; Luc 1 :19, 26.

Et j'entendis la voix d'un homme au milieu de l'Ulaï ; il cria et dit : Gabriel, explique-lui la vision. Daniel 8 :16.

L'ange lui répondit : Je suis Gabriel, je me tiens devant Dieu ; j'ai été envoyé pour te parler, et pour t'annoncer cette bonne nouvelle. Luc 1 :19.

*C'est ainsi qu'il chassa Adam ; et il mit à l'orient du jardin d'Éden les **chérubins** qui agitent une épée flamboyante, pour garder le chemin de l'arbre de vie. Genèse 3 :24.*

Or, l'archange Michel, lorsqu'il contestait avec le diable et lui disputait le corps de Moïse, n'osa pas porter contre lui un jugement injurieux, mais il dit : Que le Seigneur te réprime ! Jude 1 :9

Application : Le Culte des anges est formellement interdit. Dieu seul doit être adoré.

3- Le Ministère des Anges

Les anges ont plusieurs fonctions :

Ils adorent Dieu.

Ils criaient l'un à l'autre, et disaient : Saint, saint, saint est l'Éternel des armées ! Toute la terre est pleine de sa gloire ! Les portes furent ébranlées dans leurs fondements par la voix qui retentissait, et la maison se remplit de fumée. **Ésaïe 6 :3-4.**

Louez-le, vous tous ses anges ! Louez-le, vous toutes ses armées **Psaumes 148 :2**

Ils exécutent les Jugements de Dieu

Alors l'Éternel envoya un ange, qui extermina dans le camp du roi d'Assyrie tous les vaillants hommes, les princes et les chefs. Et le roi confus retourna dans son pays. Il entra dans la maison de son dieu, et là ceux qui étaient sortis de ses entrailles le firent tomber par l'épée. **2 Chroniques 32 :21.**

Ils délivrent les serviteurs de L'Eternel

Car il ordonnera à ses anges De te garder dans toutes tes voies. **Psaumes 91 :11.**

L'ange de l'Éternel campe autour de ceux qui le craignent, Et il les arrache au danger. **Psaumes 34 :8.**

Mais un ange du Seigneur, ayant ouvert pendant la nuit les portes de la prison, les fit sortir, et leur dit : Allez, tenez-vous dans le temple, et annoncez au peuple toutes les paroles de cette vie. **Actes 5 :19.**

Mon Dieu a envoyé son ange et fermé la gueule des lions, qui ne m'ont fait aucun mal, parce que j'ai été trouvé innocent devant *lui ; et devant toi non plus, ô roi, je n'ai rien fait de mauvais. **Daniel 6 :22.***

Ils combattent pour nous dans le monde invisible

La parole de Dieu nous enseigne que notre combat n'est pas contre la chair et le sang mais contre les esprits méchants.

*Car nous n'avons pas à lutter contre la chair et le sang, mais contre les dominations, contre les autorités, contre les princes de ce monde de ténèbres, contre les esprits méchants dans les lieux célestes. **Ephésiens 6 :12.***

Les anges combattent pour nous dans le monde invisible. Ils combattaient pour Daniel sans que ce dernier le sût.

*Il me dit : Daniel, ne crains rien ; car dès le premier jour où tu as eu à cœur de comprendre, et de t'humilier devant ton Dieu, tes paroles ont été entendues, et c'est à cause de tes paroles que je viens. Le chef du royaume de Perse m'a résisté vingt et un jours ; mais voici, Micaël, l'un des principaux chefs, est venu à mon secours, et je suis demeuré là auprès des rois de Perse. **Daniel 10 :12-13.***

Ils sont des messagers de Dieu

*L'ange lui répondit : Je suis Gabriel, je me tiens devant Dieu ; j'ai été envoyé pour te parler, et pour t'annoncer cette bonne nouvelle. **Luc 1 :19.***

*Au sixième mois, l'ange Gabriel fut envoyé par Dieu dans une ville de Galilée, appelée Nazareth, auprès d'une vierge fiancée à un homme de la maison de David, nommé Joseph. Le nom de la vierge était Marie. **Luc 1 :26-27.***

Ils donnent des ordres spécifiques de la part de L'Eternel

Lorsqu'ils furent partis, voici, un ange du Seigneur apparut en songe à Joseph, et dit : Lève-toi, prends le petit enfant et sa mère, fuis en Égypte, et restes-y jusqu'à ce que je te parle ; car Hérode cherchera le petit enfant pour le faire périr. **Matthieu 2 :13.**

Un ange du Dieu à qui j'appartiens et que je sers m'est apparu cette nuit, et m'a dit : Paul, ne crains point ; il faut que tu comparaisses devant César, et voici, Dieu t'a donné tous ceux qui naviguent avec toi. **Actes 27 :23-24.**

Bien-aimés, en toutes choses, Dieu décide la manière de nous délivrer et la manière de nous parler. Dieu n'est pas limité par un seul moyen. Dieu n'est pas obligé d'utiliser un ange pour nous délivrer ou nous parler. L'important c'est de craindre et de servir L'Eternel. Le culte des anges est formellement interdit. *Qu'aucun homme, sous une apparence d'humilité et par un culte des anges, ne vous ravisse à son gré le prix de la course, tandis qu'il s'abandonne à ses visions et qu'il est enflé d'un vain orgueil par ses pensées charnelles.* **Colossiens 2 :18.** Adorons et remercions Dieu pour toute les protections qu'il a mises à notre disposition.

Application : Remercions Dieu pour la protection qu'il a mise à notre disposition à travers les anges.

Conclusion

Notre leçon nous a permis d'étudier quelques vérités sur les anges, leur origine, leur nature et leur ministère. Le chrétien n'a aucun devoir envers les anges. Ils sont nos compagnons de service dans le plan de salut de Dieu. Ils interviennent en notre faveur sous l'ordre de L'Eternel notre Dieu.   Le chrétien n'invoque ni ne prie les anges. Le chrétien ne s'adresse pas aux anges.   Seulement, nous savons qu'ils sont à la disposition de L'Eternel pour exécuter ses ordres en notre faveur. Nous n'avons rien à craindre des attaques nocturnes et invisibles de l'ennemi. Car nous sommes protégés par Dieu. Il est important de différencier les bons anges des anges déchus qui sont réservés pour le feu avec leur chef satan . Ce sera l'objet de notre prochaine leçon.

A Dieu Soient La Gloire et L'Honneur!

Leçon # 5

Sujet: Les Démons: Des Esprits Méchants

Texte d'Etude : Esaïe 14 :12-15, Ezéchiel 28 : 13-15, Apo. 12 :9-1, Marc 5 :9

Texte d'Or : *Ephésiens 6 :12 Car nous n'avons pas à lutter contre la chair et le sang, mais contre les dominations, contre les autorités, contre les princes de ce monde de ténèbres, contre les esprits méchants dans les lieux célestes.*

Objectif : Etudier quelques vérités sur l'origine, l'existence et les activités des démons et comment les vaincre au nom de Jésus.

Introduction

L'existence des démons est un fait attesté par la bible et confirmé par notre Seigneur Jésus dans son ministère de délivrance de l'emprise des démons. Leur existence ne cesse pas d'être une réalité dans notre siècle d'avancement technologique. Le rayonnement culturel des villes occidentales n'a pas chassé les mauvais esprits. Au contraire, comme leur chef satan, les démons aiment agir par la ruse dans le secret afin de causer le maximum de dégâts possibles dans les vies, les familles, les églises et les nations. L'enseignement de la parole nous donne un avertissement perpétuel concernant leur nature méchante, leurs activités incessantes, leurs desseins cruels et leur défaite imminente dans le nom de notre Seigneur Jésus-Christ. Les enseignements des Jésus et des apôtres relatifs à satan et aux démons n'étaient pas pour une époque particulière, mais pour les chrétiens de tous les âges, jusqu'à ce que satan soit jeté pour toujours dans l'étang de feu et de souffre. En attendant ce jour, l'ennemi de nos âmes et ses agents parcourent la terre dans toutes les directions comme des lions rugissants cherchant des âmes à dévorer. Les dégâts causés par les démons sont nombreux. Ils utilisent des agents humains pour matérialiser leurs actions, comme dans les malheurs de Job. L'influence démoniaque se voit presque dans toutes les couches de la société. Ils possèdent l'esprit des gens les poussant à désobéir Dieu, à se livrer à des vices contre nature, à glorifier satan, à tuer, à être accrochés aux drogues, etc. Ils agissent par la ruse, la déception, la séduction, la tentation, les oppressions et la possession. Etudions quelques vérités sur les démons à travers les points suivants.

1– Satan, le Prince des Démons

2- L'Origine et la Nature des Démons

3- Les Activités des Démons

4- La Délivrance de l'Emprise des Démons

1- Satan, Le Prince des démons—Marc 3 :22-26

Les démons font partie d'une armée et sont soumis à un chef. Le chef des démons s'appelle satan. Il a plusieurs autres noms et titres dans la bible. Il fut appelé Lucifer (latin , astre brillant,) nom qu'il perdit en choisissant de se rebeller contre Dieu. Ses noms décrivent ses traits caractéristiques et inspirent de la frayeur. Il est maintenant appelé le diable qui signifie l'adversaire. L'enseignement biblique nous rapporte que satan était créé par Dieu parfait jusqu'au jour où l'orgueil fut trouvé chez lui. Dieu l'avait précipité en permettant qu'il soit libre pour un peu de temps avant de le jeter pour toujours dans l'enfer qui a été préparé pour lui et ses anges.

Te voilà tombé du ciel, Astre brillant, fils de l'aurore ! Tu es abat-

tu à terre, Toi, le vainqueur des nations ! Tu disais en ton cœur : Je monterai au ciel, J'élèverai mon trône au-dessus des étoiles de Dieu ; Je m'assiérai sur la montagne de l'assemblée, A l'extrémité du septentrion ; Je monterai sur le sommet des nues, Je serai semblable au Très Haut. Mais tu as été précipité dans le séjour des morts, Dans les profondeurs de la fosse. **Esaïe 14 :12-15.**

Tu étais en Éden, le jardin de Dieu ; Tu étais couvert de toute espèce de pierres précieuses, De sardoine, de topaze, de diamant, De chrysolithe, d'onyx, de jaspe, De saphir, d'escarboucle, d'émeraude, et d'or ; Tes tambourins et tes flûtes étaient à ton service, Préparés pour le jour où tu fus créé. Tu étais un chérubin protecteur, aux ailes déployées ; Je t'avais placé et tu étais sur la sainte montagne de Dieu ; Tu marchais au milieu des pierres étincelantes. Tu as été intègre dans tes voies, Depuis le jour où tu fus créé Jusqu'à celui où l'iniquité a été trouvée chez toi. **Ézéchiel 28 :13-15.**

Les noms et les titres de satan

Satan : Adversaire, ennemi, agresseur, destructeur, opposant, persécuteur. Matthieu 13 :39.

Diabolos (grec) : Diable, calomniateur, diffamateur, accusateur. Matthieu 4 :1.

Tentateur: celui qui tente les hommes, les séduit et les entraîne au mal. Matthieu 4 :3.

Malin: Qui est enclin à faire du mal, du tort à autrui, méchant, pervers : Matthieu 13 :19.

Béelzébul : Prince des démons : Marc 3 :22-26.

Menteur et père du mensonge : Jean 8 :44.

Bélial : corruption, absence de loi et de valeur, méchanceté. 2 Corinthiens 6 :15.

Meurtrier : Jean 8 :44.

Prince de la puissance de l'air : Ephésiens 2 :2.

Serpent ancien, dragon Apocalypse 12 :9-10.

Et il fut précipité, le grand dragon, le serpent ancien, appelé le diable et Satan, celui qui séduit toute la terre, il fut précipité sur la terre, et ses anges furent précipités avec lui. **Apocalypse 12:9.**

Les titres de satan sont le reflet de son caractère. Jésus a dit que le voleur ne vient que pour dérober, égorger et détruire. Le but de satan c'est de détruire. Il utilise les démons, une armée organisée et structurée pour atteindre son but. Les démons empêchent les hommes d'accepter Jésus comme leur Sauveur et Seigneur. Ils combattent les chrétiens dans tous les domaines de leur vie. Une fois que vous avez accepté Jésus comme votre sauveur, vous déclarez la guerre à satan et à ses mauvais esprits. La bonne nouvelle est que la victoire est nôtre. Satan n'est pas omnipotent, ni omniscient ni omniprésent. Il est un être créé. Il est un ennemi vaincu. Il fait des dégâts là où on lui laisse faire. Le destructeur triomphe là où il y a de l'ignorance. Mais comme a dit l'apôtre Paul, nous n'ignorons pas ses desseins. La victoire est nôtre au nom de Jésus. Notre victoire n'est pas de la spéculation, mais un fait enraciné dans la vérité de la parole de Dieu.

Jésus leur dit : Je voyais Satan tomber du ciel comme un éclair. Voici, je vous ai donné le pouvoir de marcher sur les serpents et les scorpions, et sur toute la puissance de l'ennemi ; et rien ne pourra vous nuire. Cependant, ne vous réjouissez pas de ce que les esprits vous sont soumis ; mais réjouissez-vous de ce que vos noms sont écrits dans les cieux. Luc 10 :18-20.

Il a effacé l'acte dont les ordonnances nous condamnaient et qui subsistait contre nous, et il l'a détruit en le clouant à la croix ; il a dépouillé les dominations et les autorités, et les a livrées publiquement en spectacle, en triomphant d'elles par la croix. Colossiens 2 :14-15.

Et j'entendis dans le ciel une voix forte qui disait : Maintenant le salut est arrivé, et la puissance, et le règne de notre Dieu, et l'autorité de son Christ ; car il a été précipité, l'accusateur de nos frères, celui qui les accusait devant notre Dieu jour et nuit. Ils l'ont vaincu à cause du sang de l'agneau et à cause de la parole de leur témoignage, et ils n'ont pas aimé leur vie jusqu'à craindre la mort. Apocalypse 12 :10-11.

Application : Reconnaissons que nous avons un ennemi qui est satan et engageons-nous à combattre ses activités, ses desseins, ses œuvres au nom de Jésus.

2- L'Origine et la Nature des Démons—2 Pierre 2 :4

Les démons sont des esprits méchants. Cette appellation renferme une double vérité. Ils sont des esprits et ils sont méchants. Il est vraisemblable qu'ils étaient des anges déchus qui s'étaient rebellés avec satan que Dieu avait précipités. Ils font partie de l'armée de satan. *Car, si Dieu n'a pas épargné les anges qui ont péché, mais s'il les a précipités dans les abîmes de ténèbres et les réserve pour le jugement ; 2 Pierre 2 :4.*

Ensuite il dira à ceux qui seront à sa gauche : Retirez-vous de moi, maudits ; allez dans le feu éternel qui a été préparé pour le diable et pour ses anges. Matthieu 25 :41.

Les démons, tout comme les anges de Dieu, ne sont pas des influences. Ils sont des êtres spirituels. Ils possèdent les éléments de la personnalité c'est à dire l'intelligence, l'émotion, la volonté. Ils peuvent obéir et désobéir. Ils sont intrinsèquement méchants. Ils travaillent pour la gloire de satan et ne sont pas divisés. Voici quelques traits qui prouvent qu'ils ne sont pas des influences.

-Ils peuvent parler. *Et, il lui demanda : Quel est ton nom ? Légion est mon nom, lui répondit-il, car nous sommes plusieurs.* **Marc 5 :9.**

-Ils ont une identité. **Marc 5 :9.**

-Ils suppliaient Jésus : *Et les démons le prièrent, disant : Envoie-nous dans ces pourceaux, afin que nous entrions en eux.* **Marc 5 :12.**

-Ils exercent leur volonté. *Lorsque l'esprit impur est sorti d'un homme, il va dans des lieux arides, pour chercher du repos. N'en trouvant point, il dit : Je retournerai dans ma maison d'où je suis sorti.* **Luc 11 :24.**

-Ils connaissent leur destin futur. *Et voici, ils s'écrièrent : Qu'y a-t-il entre nous et toi, Fils de Dieu ? Es-tu venu ici pour nous tourmenter avant le temps ?* **Matthieu 8 :29.**

-Ils s'entraident (prennent soin les uns des autres.) **Luc 11 :25-26.**

-Ils sont plus fort physiquement que l'homme naturel.

-Ils connaissent que Jésus est le Fils de Dieu. Et voici, ils s'écrièrent : *Qu'y a-t-il entre nous et toi, Fils de Dieu ? Es-tu venu ici pour nous tourmenter avant le temps ?* **Matthieu 8 :29.**

Ils connaissent L'autorité de Dieu. *Tu crois qu'il y a un seul Dieu, tu fais bien ; les démons le croient aussi, et ils tremblent.*

Jacques 2 :19.

-Ils n'ont pas de corps physiques, mais ils aiment habiter dans un corps. **Marc 5 :1-13, Luc 11 :24.**

-Ils sont moralement mauvais, impurs et méchants. **Luc 11 :26**

Les démons ne sont pas des influences. Leur existence n'est pas un mythe ni une fantaisie. La médecine moderne, les sciences psychologiques en grande partie nient l'existence des démons. Les possessions démoniaques sont catégorisées par psychoses délirantes, affections psychologiques, maladies mentales, etc. Tout ce qui concerne les activités des démons se rapporte à l'ignorance ou à la superstition. L'activité des démons ne va pas être arrêtée par une thérapie médicale, une prescription narcotique, mais par des hommes et des femmes remplis du Saint-Esprit qui utilisent la puissance du *Nom de Jésus* pour délivrer les victimes.

Il est important de noter qu'il ne faut pas confondre la possession démoniaque avec les maladies mentales. Les deux possibilités existent. Satan tire profit quand il y a de la confusion. Dire qu'une personne est possédée alors qu'elle ne l'est pas est désastreux. Soumettre une personne possédée par un mauvais esprit à un traitement psychologique est également mauvais. Nous devons demander à Dieu l'esprit de discernement des esprits et de la sagesse pour nous aider dans ce domaine. Yvan Dagenais a écrit : « *Etablir un diagnostique entre la possession démoniaque et la maladie mentale est complexe et demande un avis professionnel. Manquer de prudence à cet égard peut sérieusement traumatiser l'être souffrant devant vous. Dans ce type de situation, une consultation avec un professionnel chrétien possédant une expertise psycho-sociale ainsi qu'une solide connaissance du paranormal serait fortement suggérée.»*

Application : Que l'exclamation des disciples dans Luc 10 :17 soit le refrain de tous nos frères et sœurs aujourd'hui: « Seigneur, les démons mêmes nous sont soumis en ton nom. »

3- Les Activités des Démons

Ils possèdent les gens. Cela veut dire qu'ils occupent le corps des gens. C'est le contraire d'être rempli du Saint-Esprit. Les hougans, les francs-maçons, ceux qui évoquent les morts (nécromanciens), les chiromanciens, ceux qui pratiquent la magie, ceux qui consultent les magiciens, ceux qui servent les loas, les satanistes sont tous possédés par des démons.

Comme nous allions au lieu de prière, une servante qui avait un esprit de Python, et qui, en devinant, procurait un grand profit à ses maîtres, vint au-devant de nous. **Actes 16 :16.**

Je dis que ce qu'on sacrifie, on le sacrifie à des démons, et non à Dieu ; or, je ne veux pas que vous soyez en communion avec les démons. **1 Corinthiens 10 :20**

Ils provoquent des maladies physiques et mentales.

Jésus chassa un démon qui était muet. Lorsque le démon fut sorti, le muet parla, et la foule fut dans l'admiration. **Luc 11 :14**

Comme ils s'en allaient, voici, on amena à Jésus un démoniaque muet. Le démon ayant été chassé, le muet parla. Et la foule étonnée disait : Jamais pareille chose ne s'est vue en Israël. **Matthieu 12 :32-33.**

*Ils arrivèrent à l'autre bord de la mer, dans le pays des Gadaréniens. Aussitôt que Jésus fut hors de la barque, il vint au-devant de lui un homme, sortant des sépulcres, et possédé d'un esprit impur. Cet homme avait sa demeure dans les sépulcres, et personne ne pouvait plus le lier, même avec une chaîne. Car souvent il avait eu les fers aux pieds et avait été lié de chaînes, mais il avait rompu les chaînes et brisé les fers, et personne n'avait la force de le dompter. Il était sans cesse, nuit et jour, dans les sépulcres et sur les montagnes, criant, et se meurtrissant avec des pierres. Ayant vu Jésus de loin, il accourut, se prosterna devant lui, et s'écria d'une voix forte : Qu'y a-t-il entre moi et toi, Jésus, Fils du Dieu Très Haut ? Je t'en conjure au nom de Dieu, ne me tourmente pas. Car Jésus lui disait : Sors de cet homme, esprit impur ! Et, il lui demanda : Quel est ton nom ? Légion est mon nom, lui répondit-il, car nous sommes plusieurs. **Marc 5 :1-9.***

*Seigneur, aie pitié de mon fils, qui est lunatique, et qui souffre cruellement ; il tombe souvent dans le feu, et souvent dans l'eau. Je l'ai amené à tes disciples, et ils n'ont pas pu le guérir. Race incrédule et perverse, répondit Jésus, jusques à quand serai-je avec vous ? Jusques à quand vous supporterai-je ? Amenez-le-moi ici. Jésus parla sévèrement au démon, qui sortit de lui, et l'enfant fut guéri à l'heure même. **Matthieu17 :15-18.***

*Et voici, du milieu de la foule un homme s'écria : Maître, je t'en prie, porte les regards sur mon fils, car c'est mon fils unique. Un esprit le saisit, et aussitôt il pousse des cris ; et l'esprit l'agite avec violence, le fait écumer, et a de la peine à se retirer de lui, après l'avoir tout brisé. **Luc 8 :38-39.***

Jésus enseignait dans une des synagogues, le jour du sabbat. Et voici, il y avait là une femme possédée d'un esprit qui la rendait infirme depuis dix-huit ans ; elle était courbée, et ne pouvait pas du tout se redresser. Lorsqu'il la vit, Jésus lui adressa la parole, et lui dit : Femme, tu es délivrée de ton infirmité. Et il lui imposa les mains. A l'instant elle se redressa, et glorifia Dieu. Luc 13 :10 -13.

Et cette femme, qui est une fille d'Abraham, et que Satan tenait liée depuis dix-huit ans, ne fallait-il pas la délivrer de cette chaîne le jour du sabbat ? Luc 13 :16.

Ils propagent les fausses doctrines. Ils peuvent même faire des prodiges pour tromper les gens et les encouragent à l'idolâtrie.

Mais l'Esprit dit expressément que, dans les derniers temps, quelques-uns abandonneront la foi, pour s'attacher à des esprits séducteurs et à des doctrines de démons. 1 Timothée 4 :1.

Elle exerçait toute l'autorité de la première bête en sa présence, et elle faisait que la terre et ses habitants adoraient la première bête, dont la blessure mortelle avait été guérie. Elle opérait de grands prodiges, même jusqu'à faire descendre du feu du ciel sur la terre, à la vue des hommes. Et elle séduisait les habitants de la terre par les prodiges qu'il lui était donné d'opérer en présence de la bête, disant aux habitants de la terre de faire une image à la bête qui avait la blessure de l'épée et qui vivait. Apocalypse 13:12-14.

Car ce sont des esprits de démons, qui font des prodiges, et qui vont vers les rois de toute la terre, afin de les rassembler pour le combat du grand jour du Dieu tout puissant. Apocalypse 16 :14.

Bien-aimés, n'ajoutez pas foi à tout esprit ; mais éprouvez les esprits, pour savoir s'ils sont de Dieu, car plusieurs faux prophètes sont venus dans le monde. Reconnaissez à ceci l'Esprit de Dieu : tout esprit qui confesse Jésus Christ venu en chair est de Dieu ; et tout esprit qui ne confesse pas Jésus n'est pas de Dieu, c'est celui de l'antéchrist, dont vous avez appris la venue, et qui maintenant est déjà dans le monde. 1 Jean 4 :1-3.

Ils oppressent les gens. Ils agissent de l'extérieur. Les démons oppressent les gens sous forme de cauchemars la nuit. On a des rêves effrayants et on se réveille agité. Ils sèment des querelles et des divisions dans les familles et les églises. Ils suggèrent de mauvaises pensées aux gens, les rendent inquiets. Les démons attaquent notre famille, nos finances, notre carrière, notre temps, notre vie spirituelle, etc.

Et ne donnez pas accès au diable. Ephésiens 4 :27.

Toutefois, de même que le serpent séduisit Eve par sa ruse, je crains que vos pensées ne se corrompent et ne se détournent de la simplicité à l'égard de Christ. 2 Corinthiens 11 :3.

Ils aveuglent les gens pour qu'ils ne reçoivent pas l'amour de Jésus. *Si notre Évangile est encore voilé, il est voilé pour ceux qui périssent ; pour les incrédules dont le dieu de ce siècle a aveuglé l'intelligence, afin qu'ils ne vissent pas briller la splendeur de l'Évangile de la gloire de Christ, qui est l'image de Dieu. 2 Corinthiens 4 :3-4.*

Ceux qui sont le long du chemin, ce sont ceux qui entendent ; puis le diable vient, et enlève de leur cœur la parole, de peur qu'ils ne croient et soient sauvés. Luc 8 :12.

Ils persécutent les chrétiens

Ne crains pas ce que tu vas souffrir. Voici, le diable jettera quelques-uns de vous en prison, afin que vous soyez éprouvés, et vous aurez une tribulation de dix jours. Sois fidèle jusqu'à la mort, et je te donnerai la couronne de vie. Apocalypse 2 :10.

Je sais où tu demeures, je sais que là est le trône de Satan. Tu retiens mon nom, et tu n'as pas renié ma foi, même aux jours d'Antipas, mon témoin fidèle, qui a été mis à mort chez vous, là où Satan a sa demeure. **Apocalypse 2 :13.**

Ils tentent les chrétiens

Ne vous privez point l'un de l'autre, si ce n'est d'un commun accord pour un temps, afin de vaquer à la prière ; puis retournez ensemble, de peur que Satan ne vous tente par votre incontinence. **1 Corinthiens 7 :5.**

Pierre lui dit : Ananias, pourquoi Satan a-t-il rempli ton cœur, au point que tu mentes au Saint Esprit, et que tu aies retenu une partie du prix du champ ? **Actes 5 :3.**

Soyez sobres, veillez. Votre adversaire, le diable, rôde comme un lion rugissant, cherchant qui il dévorera. Résistez-lui avec une foi ferme, sachant que les mêmes souffrances sont imposées à vos frères dans le monde. **1 Pierre 5 :8-9.**

L'exemple de Judas

Une attaque de l'extérieur : *Pendant le souper, lorsque le diable avait déjà inspiré au cœur de Judas Iscariot, fils de Simon, le dessein de le livrer.* **Jean 13 :2.**

Une attaque de l'intérieur : *Dès que le morceau fut donné, Satan entra dans Judas. Jésus lui dit : Ce que tu fais, fais-le promptement.* **Jean 13 :27.**

Frères et sœurs, ces versets mentionnés plus haut lèvent le voile sur l'activité cruelle des démons. Ils sont à l'œuvre et doivent être vaincus. Jésus est plus grand que n'importe quel démon.

Utilisons la puissance du nom de Jésus pour chasser les démons et réduire à néant leurs attaques de satan contre notre vie, notre famille et notre église.

Application : Demandez à Dieu L'esprit de discernement pour comprendre la source des difficultés de notre vie et agir en conséquence.

4- La Délivrance de l'Emprise des Démons

La délivrance de l'emprise des puissances démoniaques est un ordre biblique. Le pouvoir de chasser les démons, de remporter la victoire sur les attaques sataniques est une grâce que le Seigneur a faite à tous ceux qui sont nés de nouveau. Mais peu de chrétiens utilisent leur pouvoir. Peu de chrétiens se revêtent de toutes les armes de Dieu, afin de pouvoir tenir ferme contre les ruses du diable. Peu de chrétiens prennent le bouclier de la foi pour éteindre tous les traits enflammés du malin. Jésus nous donne le pouvoir de chasser les démons. *Voici, je vous ai donné le pouvoir de marcher sur les serpents et les scorpions, et sur toute la puissance de l'ennemi ; et rien ne pourra vous nuire.* **Luc 10 :19.** Jésus ont chassé les démons, les disciples ont chassé les démons (Luc 10 :17-20), les apôtres ont chassé les démons. *Ils chassaient beaucoup de démons, et ils oignaient d'huile beaucoup de malades et les guérissaient.* **Marc 6 :13.** Nous aussi, nous devons suivre l'exemple de notre maitre pour libérer les captifs et renvoyer libres les opprimés. Les démons doivent être commandés de partir au nom de Jésus et ils obéiront.

L'oppression satanique à travers les rêves doit être arrêtée aussi en priant au nom de Jésus. Les attaques des démons contre notre famille, nos finances, notre ministère, notre carrière, notre temps doivent être réduites à néant en priant au nom de Jésus. La délivrance du malin, comme le Seigneur Jésus l'a enseignée aux disciples, doit être un de nos buts de prière.

Application : Sanctifions-nous, purifions-nous de toute souillure de la chair et de l'esprit, chassons les démons et détruisons toutes les œuvres de satan.

Conclusion

La vie est un mystère. Il y a beaucoup de choses que nous ne savons pas. Il y a beaucoup de choses qui ne peuvent pas être expliquées par la raison. Mais la Bible nous enseigne qu'il y a des forces invisibles à l'œuvre. Les démons sont à l'œuvre et les saints anges de Dieu sont à l'œuvre. L'homme est au centre du conflit entre le bien et le mal. Satan et ses démons sont en train de faire tout ce qui est en leur pouvoir pour empêcher le plus grand nombre de parvenir à la foi en Jésus et pour persécuter les chrétiens. Jésus, notre Seigneur et notre Roi, nous assure la plus grande protection et la victoire totale sur toute la puissance de l'ennemi. Notre victoire a été acquise par la mort et la résurrection de Jésus. Utilisons puissamment le nom de Jésus, devant qui tout genou doit fléchir, pour chasser les démons et freiner les activités de satan contre notre vie, notre famille et notre église. Rappelez-vous que si Paul ne s'était pas arrêté pour commander à l'esprit de python de sortir de la servante, cet esprit aurait possédé la jeune fille jusqu'au jour de sa mort. Si Jésus n'avait pas commandé à l'esprit d'infirmité de sortir de cette fille d'Abraham, elle serait restée courbée pour tout le reste de sa vie. S'il n'avait pas délivré le gadarénien de cette légion méchante de démons qui le torturaient, cet homme serait mort dans les sépulcres. Aujourd'hui, Si vous ne commandez pas aux mauvais esprits de partir au nom de Jésus, ils ne partiront pas. Si vous n'utilisez pas la puissance que Dieu vous a déjà donnée, elle serait sans utilité. Que le Seigneur vous aide et vous libère de toute peur et de toute timidité dans ce combat spirituel. Les âmes timides ne connaitront jamais la victoire.

A Dieu Soient La Gloire et L'Honneur!

Leçon # 6

Sujet : Rechercher Le Sens de la Vie

Texte d'Etude : Ecclésiaste 1 :1-11, 16 - 2 :11 ; Ecc. 3 :9-14

Texte d'or: *Ecc. 12:13-14 Écoutons la fin du discours : Crains Dieu et observe ses commandements. C'est là ce que doit faire tout homme. Car Dieu amènera toute œuvre en jugement, au sujet de tout ce qui est caché, soit bien, soit mal.*

Vérité Centrale: Nous trouvons la vraie signification et le but de notre vie seulement dans une juste relation avec Dieu.

Objectif : Estimer (*Considérer, Evaluer*) la futilité (*inutilité, insignifiance*) de la vie sans Dieu et Lui permettre d'accomplir son plan dans nos vies.

Rechercher : Poursuivre**,** Examiner, (Quête), partir a la recherche de …

Sens : Signification, Valeur.

Vie : Existence, le vécu de chaque jour.

Sens de la vie : L'ensemble des interrogations humaines sur la nature et la finalité de l'existence.

Comment suis-je venu à l'existence? Quel est le but de l'existence, Qu'y a t'il après la mort.

-L'étude de la finalité: **Où va-t-elle ?** *(Téléologique)*

-L''étude des signes et de leur signification : **Que signifie-t-elle ?** *(Sémiologie)*

-L'étude des valeurs morales: **Que vaut-elle ?** *(Axiologique)*

Quelques fausses réponses :

La vie n'a pas de sens

La vie est absurde (Albert Camus)

Mangeons, buvons, car demain nous mourons

La mort est la fin de tout. (Apres la mort c'est le néant)

Réponse Chrétienne : La vie vient de Dieu *(En lui nous avons la vie, le mouvement et l'être Actes 17 :28)* Nous devons accepter Jésus-Christ come notre Sauveur et Seigneur pour recevoir la vie éternelle.

Introduction

Ecclésiaste est le Livre du *«Prédicateur»*. Salomon est son auteur. Le principal sujet de ce livre, c'est donc la folie de tous les efforts de l'homme dans la recherche du bonheur ici-bas. ***Vanité des vanités tout n'est que vanité.*** Salomon était un jeune homme dévoué à Dieu; mais au milieu de sa vie, son amour pour les femmes étrangères le porta à se tourner contre Dieu. Pendant ce temps de délabrement spirituel, il chercha en vain à trouver une signification à sa vie dans les poursuites humanistes, les plaisirs sensuels, et les possessions matérielles. Il finit par rendre compte que la vie ne peut pas avoir de sens sans Dieu. Cette leçon sera étudiée en trois points :

1- La Futilité de la Vie sans Dieu

2- Quête de Signification

3- Dieu Donne un Sens à la Vie

1- La Futilité de La Vie (sans Dieu)—Ecclésiaste 1 :1-11

Paroles de l'Ecclésiaste, fils de David, roi de Jérusalem. Vanité des vanités, dit l'Ecclésiaste, vanité des vanités, tout est vanité. Quel avantage revient-il à l'homme de toute la peine qu'il se donne sous le soleil ? Une génération s'en va, une autre vient, et la terre subsiste toujours. Le soleil se lève, le soleil se couche ; il soupire après le lieu d'où il se lève de nouveau. Le vent se dirige vers le midi, tourne vers le nord ; puis il tourne encore, et reprend les mêmes circuits. Tous les fleuves vont à la mer, et la mer n'est point remplie ; ils continuent à aller vers le lieu où ils se dirigent. Toutes choses sont en travail au delà de ce qu'on peut dire ; l'œil ne se rassasie pas de voir, et l'oreille ne se lasse pas d'entendre. Ce qui a été, c'est ce qui sera, et ce qui s'est fait, c'est ce qui se fera, il n'y a rien de nouveau sous le soleil. S'il est une chose dont on dise : Vois ceci, c'est nouveau ! Cette chose existait déjà dans les siècles qui nous ont précédés. On ne se souvient pas de ce qui est ancien ; et ce qui arrivera dans la suite ne laissera pas de souvenir chez ceux qui vivront plus tard.

Vanité des vanités tout n'est que vanité est le résumé de

la vie d'un homme déconnecté de Dieu et dont les expériences lui ont valu la peine de retourner à lui pour que sa vie puisse retrouver sa vraie signification. Salomon observa dans un ordre naturel le cycle des événements qui se succèdent :

♦ *Les Générations vont et viennent*

♦ *Le Soleil se lève et le soleil se couche*

♦ *Le Vent souffle du Nord au Sud*

♦ *Les Rivières se jettent dans la mer et l'eau de la mer retourne pas dans les rivières*

La nature est immuable. Elle suit des lois fixes. Les mêmes choses se répètent. Il y a une certaine monotonie dans le cycle naturel. L'esprit se fatigue à suivre ce travail continuel, à voir, à entendre, à connaître ; il en revient toujours au même point : il n'y a rien de nouveau sous le soleil.

Ce constat lui rappela sa propre **mortalité**. Ces événements sur lesquels il n'avait aucun contrôle, lui fit comprendre que sa vie n'était pas seulement monotone, mais sa vie est réduite a une futilité.

2- Quête de Signification Ecc. 1 :16 à Ecc. 2 :11

L'homme ne peut pas se satisfaire d'une existence absurde. Il y a au-dedans de lui un besoin irrésistible de lui trouver une raison ; car il est un roseau pensant différent des animaux. C'est ainsi que dans sa quête de trouver une signification à son existence il se livre à:

L'humanisme : Un engagement à la recherche de la vérité et de la moralité par l'intermédiaire des moyens humains, en particulier les sciences, en solidarité avec l'humanité.

J'ai appliqué mon cœur à rechercher et à sonder par la sagesse tout ce qui se fait sous les cieux : c'est là une occupation pénible, à laquelle Dieu soumet les fils de l'homme. J'ai vu tout ce qui se fait sous le soleil ; et voici, tout est vanité et poursuite du vent. Ce qui est courbé ne peut se redresser, et ce qui manque ne peut être compté. J'ai dit en mon cœur : Voici, j'ai grandi et surpassé en sagesse tous ceux qui ont dominé avant moi sur Jérusalem, et mon cœur a vu beaucoup de sagesse et de science. J'ai appliqué mon cœur à connaître la sagesse, et à connaître la sottise et la folie ; j'ai compris que cela aussi c'est la poursuite du vent. Car avec beaucoup de sagesse on a beaucoup de chagrin, et celui qui augmente sa science augmente sa douleur. (Ecc. 1 :13-18)

L'hédonisme : doctrine philosophique qui fait du plaisir le but de toute existence.

L'hédonisme : C'est la tentation de rechercher par les sens corporels le plaisir, la satisfaction, le bonheur. Les sens corporels sont l'ouïe, la vue, l'odorat, le goûter, le toucher.

1- J'ai dit en mon cœur : Allons ! Je t'éprouverai par la joie, et tu goûteras le bonheur. Et voici, c'est encore là une vanité

2- Je résolus en mon cœur de livrer ma chair au vin

3- Je me procurai des chanteurs et des chanteuses, et les délices des fils de l'homme, des femmes en grand nombre.

4- Je devins grand, plus grand que tous ceux qui étaient avant moi dans Jérusalem. Et même ma sagesse demeura avec moi

5-Tout ce que mes yeux avaient désiré, je ne les en ai point privés

6-Je n'ai refusé à mon cœur aucune joie

J'ai considéré tous les ouvrages que mes mains avaient faits, et la peine que j'avais prise à les exécuter ; et voici, tout est vanité et poursuite du vent, et il n'y a aucun avantage à tirer de ce qu'on fait sous le soleil. ***Ecc. 2:11.***

Le Matérialisme : Accumulation des valeurs matérielles comme valeur la plus haute et la plus importante.

1- J'exécutai de grands ouvrages

2- Je me bâtis des maisons

3- Je me plantai des vignes

4- Je me fis des jardins et des vergers, j'y plantai des arbres à fruit de toute espèce

5- Je me créai des étangs pour arroser la forêt où croissaient les arbres

6- J'achetai des serviteurs et des servantes, et j'eus leurs enfants nés dans la maison

7- Je possédai des troupeaux de bœufs et de brebis, plus que tous ceux qui étaient avant moi dans Jérusalem.

8- Je m'amassai de l'argent et de l'or, et les richesses des rois et des provinces.

Salomon s'est livré à la joie et au bien-être de la vie. *Il a essayé de tout ce que peut donner la puissance royale et la fortune. Il a fait de grandes choses : Plaisir des yeux, bonheur de la possession, palais et jardins, embellissement de la nature, culture, soin des troupeaux, intérêt pour l'agriculture et ses produits, un monde de serviteurs et de servantes ; de l'argent et de l'or à foison ; toutes les richesses des provinces affluant dans ses trésors ; la musique et le chant qui élèvent l'âme dans les régions sereines ; la satisfaction des sens dans l'amour terrestre, l'accroissement du pouvoir ; en un mot, tout ce que Salomon pouvait désirer, son faste royal l'a obtenu, et «pourtant, dit-il, ma sagesse est demeurée avec moi». Mais il ajoute : «Je me suis tourné vers toutes les oeuvres que mes mains avaient faites, et vers tout le travail dont je m'étais travaillé pour les faire ; et voici, tout était vanité et poursuite du vent, et il n'y en avait aucun profit sous le soleil». (ÉTUDE sur L'ECCLÉSIASTE par Henry Rossier 1919)*

Application : La vraie signification de l'existence se trouve dans une vie tournée vers Dieu vécue dans l'obéissance de sa parole.

3- Dieu Donne Une Signification à La Vie

Dieu est au centre de notre existence. Tout être humain est de la race de Dieu. Actes 17:29. L'homme a une dimension spirituelle connectée en Dieu. *(Et Dieu souffla dans ses narines…)* Dieu contrôle l'existence humaine. L'un des aspects de ce contrôle c'est qu'il met en nous la pensée de l'éternité. C'est pour cette raison que Dieu seul et les choses éternelles peuvent nous fournir la vraie signification de la vie, qui a commencé dans le temps et qui transcende le temps et la mort à jamais. Si nous regardons notre vie comme un don de Dieu en la profitant et en faisant ce qui est bien, nous pouvons nous réjouir de notre vie parce qu'elle a un but divin. Si par contre nous essayons de vivre sans Dieu, nous trouverons qu'il n'y a rien qui soit utile dans la vie. Dieu n'est pas seulement l'ultime réalité, il exerce aussi sa souveraineté sur l'univers. Sa volonté sur le devenir de toute chose est établie par lui une fois pour toutes.

Écoutons la fin du discours : Crains Dieu et observe ses commandements. C'est là ce que doit faire tout homme. Car Dieu amènera toute œuvre en jugement, au sujet de tout ce qui est caché, soit bien, soit mal. Ecc. 12 :13-14. En constatant la vanité de la vie, Salomon a préparé l'âme à regarder à Dieu, seul objet sûr et immuable pour l'homme.

Conclusion

De nombreuses personnes cherchent vainement à trouver la signification de leur existence en dehors Dieu et de sa volonté. Elles errent çà et là et son toujours insatisfaites. D'autres la cherchent à travers le plaisir, la richesse, et le pouvoir. Mais hélas! ils se plongent davantage dans le triangle du diable. Pour nous qui avons cru, la sagesse divine relatée dans les saintes écritures nous révèle que nous avons été créés pour plaire à Dieu dans toute notre vie. Voilà la vraie signification de toute existence humaine.

A Dieu Soient La Gloire et L'Honneur!

Leçon # 7

Sujet: L'Espérance Chrétienne Après la Mort

Texte d'étude : Psaumes 90, Job 14 :1-2, Luc 16 :19-31

Texte d'or : *1 Corinthiens 15 :19 Si c'est dans cette vie seulement que nous espérons en Christ, nous sommes les plus malheureux de tous les hommes.*

Objectif : Etudier ce que la bible dit à propos de la vie, de l'espérance chrétienne après la mort, du sort final des méchants et de la destinée des justes.

Mots Clés : Espérance, La Mort, La Vie.

Espérance : Vertu surnaturelle par laquelle les croyants attendent de Dieu, avec confiance, sa grâce en ce monde et la gloire éternelle dans l'autre.

La Mort : Cessation de la vie

La Vie : Fait de vivre, Période allant de la naissance à la mort d'un être vivant.

Introduction

Dans le grand tourbillon des activités de la vie où les hommes font des projets à long terme, le sujet de la mort est comme de l'eau froide versée dans l'eau en ébullition. Craint par un grand nombre, redouté par certains, banalisé par d'autres, ce sujet reste une réalité expérimentale pour les hommes de toute foi et de toutes confessions religieuses. Cette généralité, vue de manière superficielle, amène un grand nombre à croire qu'il n'y a aucun bénéfice à choisir le plan du salut de Dieu puisque le sage meurt aussi bien que l'insensé ; le riche aussi bien que le pauvre, le chrétien aussi bien que le païen. Mais l'étude de la parole de

Dieu établit la différence entre la destinée du juste et celle du méchant.

La mort est la porte d'entrée dans l'éternité. Cette éternité peut être bienheureuse ou malheureuse dépendamment du choix conscient de chaque individu durant sa vie sur terre. Les choix que nous faisons lors de notre vivant nous suivront dans l'éternité. La parole de Dieu peut nous aider à bien vivre et bien mourir. Une bonne compréhension de l'espérance chrétienne peut délivrer tous ceux qui, par crainte de la mort, sont toute leur vie retenus dans la servitude. Quelqu'un qui a compris l'espérance chrétienne a proclamé avec assurance : « *Car Christ est ma vie, et la mort m'est un gain.* » **Philipiens 1 :21.**

Plus de peur pour le chrétien, plus d'incertitude pour celui qui est lavé dans le sang de l'agneau, plus de doute au sujet de l'éternité pour celui qui est délivré du péché et des péchés. Le futur se prépare dans le présent ; l'éternel se prépare dans l'éphémère ; le permanent dans le temporaire. Que dit la bible à propos de cette vie qui va bientôt finir ? Vaut-il la peine de recevoir Jésus comme son Sauveur et Seigneur ? Quelle est la destinée des perdus? Quelle est la destinée des sauvés ? Où seras-tu une seconde après la mort ? Questions importantes auxquelles nous devons tous répondre aujourd'hui avant que la main froide de la mort ne pèse sur notre front.

1- La Vie est Ephémère

2- La Vie a un sens Eternel

3- La Longueur de L'Éternité

4- Quelques Fausses Théories

5- La Condition des Perdus Après la Mort

6- La Condition des Sauvés Après la Mort

1- La Vie est Ephémère—Psaumes 90; Job14 :1-2

Le monde n'est pas une demeure perdurable. C'est la maison de l'éphémère et l'habitation de la mort. Tous nous sommes en train de glisser vers l'éternité. Une éternité qui parfois surprend l'homme au moment où il en pense le moins. Nous n'avons aucune assurance de l'heure de notre éternel départ . La parole de Dieu ne nous cache pas l'état transitoire et fragile de la vie sur terre, mais l'utilise comme un rappel pour que nous puissions préparer cette éternité qui va surprendre tout homme. Les années passent comme des mois, les mois comme des semaines et les semaines comme des jours. La vélocité de la vie et la fragilité de la mort sont l'objet de bien de passages bibliques :

Moise, le grand prophète de l'ancien testament, a soupiré dans sa prière : *« Tous nos jours disparaissent par ton courroux ; Nous voyons nos années s'évanouir comme un son. Les jours de nos années s'élèvent à soixante-dix ans, Et, pour les plus robustes, à quatre-vingts ans ; Et l'orgueil qu'ils en tirent n'est que peine et misère, Car il passe vite, et nous nous envolons. »* **Psaumes 90 :9-10.**

Job, serviteur de L'Eternel, a dit : *L'homme né de la femme ! Sa vie est courte, sans cesse agitée. Il naît, il est coupé comme une fleur ; Il fuit et disparaît comme une ombre.* **Job 14 :1 -2.**

David, l'homme selon le cœur de Dieu, a supplié L'Eternel en ces termes : *Rappelle-toi ce qu'est la durée de ma vie, Et pour quel néant tu as créé tous les fils de l'homme. Y a-t-il un homme qui puisse vivre et ne pas voir la mort, Qui puisse sauver son âme du séjour des morts ?* **Psaumes 89 :47-48.**

Salomon, l'homme sage, a dit : *L'homme n'est pas maître* *de son souffle pour pouvoir le retenir, et il n'a aucune puissance sur le jour de la mort ; il n'y a point de délivrance dans ce combat, et la méchanceté ne saurait sauver les méchants.* **Ecclésiastes 8 :8.**

Ces versets nous montrent clairement que notre vie est temporaire. Le jour viendra où nous passerons du temporel à l'éternel, de ce qui est révélé à ce qui est caché, de ce monde à l'au-delà, des appréciations humaines au jugement de Dieu. C'est en vertu de cette vérité que nous ne devons pas vivre pour le présent seulement mais avec la perspective de l'éternité. Bien que la vie soit temporaire, elle ne doit pas être méprisée, minimisée, car c'est dans cette vie que notre éternel destin est déterminé. Notre vie ne doit pas être dépensée dans les futilités et la vanité, mais doit être investie dans une relation intime avec Dieu. La vie sur terre est précieuse ; elle a un but et un sens qu'il faut rechercher. La vie a une valeur éternelle.

Application : Que feriez-vous aujourd'hui, si vous savez que c'est votre dernier jour à vivre ? Où serez-vous une seconde après la mort ? Etes-vous certain de votre salut ?

2- La Vie a un Sens Eternel—Ecclésiaste 3 :1

Pourquoi suis-je sur terre ? Quelle est la signification de la vie ? Quel est le but de la vie ? D'où venons nous et où allons nous ? Ces questions représentent l'ensemble des interrogations humaines sur la nature et la finalité de l'existence. Interrogations auxquelles nous devons tous trouver des réponses satisfaisantes. Le privilège de la vie nous est donné pour préparer notre éternité. Le but ultime de la vie n'est pas de remplir nos comptes bancaires, de dépenser toute notre vie pour la nourriture qui périt et de vivre pour soi-même et pour la gratification de la chair. La recherche du plaisir et des sensations fortes n'est pas le souverain bien comme affirment les épicuriens. Le but de la vie c'est de servir Dieu en Jésus-Christ.

Salomon, après une période d'excès dans presque tous les domaines de la vie, résume la fin de son discours sur la vanité de la vie en ces termes : *« Crains Dieu et observe ses commandements. C'est là ce que doit faire tout homme. Car Dieu amènera toute œuvre en jugement, au sujet de tout ce qui est caché, soit bien, soit mal. »*

Jésus a déclaré : *Travaillez, non pour la nourriture qui périt, mais pour celle qui subsiste pour la vie éternelle, et que le Fils de l'homme vous donnera ; car c'est lui que le Père, que Dieu a marqué de son sceau. **Jean 6 :27**.*

La vie a un sens éternel quels que soient les choix que nous faisons. Nos actions d'aujourd'hui ne sont pas sans conséquences éternelles. Elles ne seront jamais perdues dans le néant de la vie, mais détermineront soit notre repos éternel ou notre tourment éternel. Le présent nous est donné pour préparer le futur. Nos choix, nos actions et notre manière de vivre doivent être réévalués constamment à la lumière de l'éternité. La parole de Dieu nous montre seulement deux possibilités dans l'éternité : ***La perdition et le salut.*** *Car Dieu a tant aimé le monde qu'il a donné son Fils unique, afin que quiconque croit en lui ne périsse point, mais qu'il ait la vie éternelle. **Jean 3 :16.*** Les uns disent mangeons et buvons car demain nous mourrons, les autres disent après la mort c'est le néant : Vivons, dépensons notre vie dans les excès et les plaisirs. Il n'y a aucune responsabilité après la mort. Ils se sont tous trompés. Il y a une continuité après la mort. La différence entre ces deux éternités se trouve dans la réponse satisfaisante de cette question. ***Qu'avez-vous fait du sang de Jésus ?***

Application : Etes-vous purifié par le sang de l'agneau ?

Celui qui a violé la loi de Moïse meurt sans miséricorde, sur la déposition de deux ou de trois témoins ; de quel pire châtiment pensez-vous que sera jugé digne celui qui aura foulé aux pieds le Fils de Dieu, qui aura tenu pour profane le sang de l'alliance, par lequel il a été sanctifié, et qui aura outragé l'Esprit de la grâce ? **Hébreux 10 :28-29.**

3- La Longueur de L'Éternité

La vie sur terre n'est pas tout. Pour nous chrétiens, la vraie vie nous est réservée dans l'éternité. Nous passerons plus de temps après la mort dans l'éternité que sur la terre. La bible utilise les mots *aux siècles des siècles* pour caractériser l'éternité. Il n'y a pas de limite à la durée de l'éternité. C'est une vie sans fin. La vie sur terre est un stage, une préparation, un entrainement pour l'éternité. Vous avez été créé pour vivre éternellement. Au fond de nous-mêmes, nous avons un instinct pour l'éternité, car Dieu a mis dans le cœur de l'homme la pensée de l'éternité.

Parlant de l'avenir du chrétien, le Saint-Esprit utilise les expressions suivantes:

Rédemption Éternelle: *Et il est entré une fois pour toutes dans le lieu très saint, non avec le sang des boucs et des veaux, mais avec son propre sang, ayant obtenu une rédemption éternelle.* **Hébreux 9 :12.**

Salut Éternel: *Et qui, après avoir été élevé à la perfection, est devenu pour tous ceux qui lui obéissent l'auteur d'un salut éternel.* **Hébreux 5 : 9.**

Vie Éternelle: *Et Jésus leur dit : Je vous le dis en vérité, il n'est personne qui, ayant quitté, à cause du royaume de Dieu, sa mai-*

son, ou sa femme, ou ses frères, ou ses parents, ou ses enfants, ne reçoive beaucoup plus dans ce siècle-ci, et, dans le siècle à venir, la vie éternelle. **Luc 18 :29-30.**

Parlant de l'avenir de l'incroyant, le Saint-Esprit utilise les expressions suivantes :

Le Feu Eternel: *Si ta main ou ton pied est pour toi une occasion de chute, coupe-les et jette-les loin de toi ; mieux vaut pour toi entrer dans la vie boiteux ou manchot, que d'avoir deux pieds ou deux mains et d'être jeté dans le feu éternel.* **Matthieu 18 :8.**

Le Châtiment Eternel: *Et ceux-ci iront au châtiment éternel, mais les justes à la vie éternelle.* **Matthieu 25 :46.**

La Ruine Eternelle: *Ils auront pour châtiment une ruine éternelle, loin de la face du Seigneur et de la gloire de sa force.* **2 Thessaloniciens 1 :9.**

Dans cette vie, il y a beaucoup de choix réversibles. Mais le choix de l'éternité est irréversible. Rater l'éternité bienheureuse est la plus grande perte qu'une personne aurait jamais pu faire. Il n'y a pas de fin, pas de changement de condition dans l'éternité. Bien-aimés, mettons en pratique la parole de Dieu concernant la foi, l'obéissance, la sanctification, la préparation de l'épouse pour ne pas passer à coté de la vie éternelle. Ne soyons pas comme les vierges folles de la parabole des dix vierges qui furent laissées au dehors. *Plus tard, les autres vierges vinrent, et dirent : Seigneur, Seigneur, ouvre-nous. Mais il répondit : Je vous le dis en vérité, je ne vous connais pas.* **Matthieu 25 :11-12.**

Ne soyons pas parmi ceux disent Seigneur, mais qui n'entreront pas dans l'éternité bienheureuse. *Ceux qui me disent : Seigneur, Seigneur ! n'entreront pas tous dans le royaume des cieux, mais celui-là seul qui fait la volonté de mon Père qui est dans les cieux. Alors je leur dirai ouvertement : Je ne vous ai jamais con-*

nus, retirez-vous de moi, vous qui commettez l'iniquité. **Matthieu 7 :21,23.** *Le Seigneur connait ceux qui lui appartiennent. Quiconque prononce le nom de Seigneur qu'il s'éloigne de l'iniquité.* **2 Timothée 2:19.**

Application: Etes-vous sauvé ?

4- Quelques Fausses Théories à Propos de L'Eternité

A- L'Anéantissement ou la Non- Existence

Cette hypothèse affirme que nous cesserons d'exister. La mort c'est la fin de tout. C'est l'anéantissement total. Cet enseignement est contraire à l'enseignement biblique qui dit : *Et comme il est réservé aux hommes de mourir une seule fois, après quoi vient le jugement.* Les mots **« après quoi »** renforcent la notion de la continuité de la vie après la mort. La théorie de l'anéantissement est fausse. Elle nie la possibilité d'une juste rétribution après la mort. Elle est acceptée pour apaiser la conscience des méchants qui ne souhaitent pas revoir leurs actions malhonnêtes flashées devant eux quand les livres seront ouverts. *Alors ceux qui craignent l'Éternel se parlèrent l'un à l'autre ; L'Éternel fut attentif, et il écouta ; Et un livre de souvenir fut écrit devant lui Pour ceux qui craignent l'Éternel Et qui honorent son nom.* **Malachie 3 :16.**

B- La Réincarnation

La réincarnation signifie littéralement : « Etre fait chair à nouveau ». C'est une croyance qui affirme que l'âme, après la mort physique, s'incarne à nouveau dans un autre corps humain (ou successivement dans plusieurs), afin de poursuivre son évolution spirituelle. Elle est une renaissance perpétuelle de l'âme sous de multiples formes humaines ou animales. Elle est enseignée dans beaucoup de religions orientales (hindouisme, bouddhisme, etc.)

La Bible n'enseigne pas cette croyance. Elle est fausse. Il est réservé aux hommes de mourir **une seule fois.** Cette croyance est différente de la résurrection qu'enseigne la Bible. La Bible enseigne une résurrection des justes et des injustes pour faire face à leur éternel destin selon leur engagement avec le vrai Dieu quand ils vivaient sur terre. *Et ayant en Dieu cette espérance, comme ils l'ont eux-mêmes, qu'il y aura une résurrection des justes et des injustes. **Actes 24 :15.***

C- Purgatoire : L'endroit de purification temporaire

Selon la tradition de la religion catholique, c'est le lieu où les baptisés, morts en état de grâce mais non entièrement purifiés par la pénitence des traces de leurs péchés, achèvent leur purifica-tion avant la vision béatifique. La Bible n'enseigne pas de telle croyance. La Bible enseigne que ceux qui sont morts seront plei-nement conscients dans l'un des deux endroits :

-Dans la Présence Eternelle de Dieu ou le saint d'Abraham, ou le paradis. *Nous sommes pleins de confiance, et nous aimons mieux quitter ce corps et demeurer auprès du Seigneur. **2 Corin-thiens 5 :8.***

*Jésus lui répondit : Je te le dis en vérité, aujourd'hui tu seras avec moi dans le paradis. **Luc 23 :43.***

-Dans un endroit de grands tourments, séparés de Dieu ou le séjour des morts. *Dans le séjour des morts, il leva les yeux ; et, tandis qu'il était en proie aux tourments, il vit de loin Abraham, et Lazare dans son sein. **Luc 16 :23.***

5- La Condition des Perdus Après la Mort

Quelle est la condition finale des perdus ? Il est important de déterminer qui sont les perdus bien avant de parler de leur condition finale. On Entend par « Les Perdus », ceux qui meurent sans avoir accepté Jésus-Christ comme leur Sauveur et Seigneur. Ceux qui commettaient l'iniquité tout en revendiquant l'attachement à une religion quelconque. Ceux qui renient Jésus-Christ qui est le chemin, la vérité et la vie. Ils sont ceux qui rejettent le sacrifice de Jésus. Les perdus sont ceux qui ont refusé l'unique moyen du salut en Jésus. Ils incluent et ne se limitent pas aux :

Cruels	Orgueilleux
Désobéissants	Voleurs
Menteurs	Meurtriers
Immoraux	Idolâtres
Incrédules	Hypocrites
Méchants	Égoïstes
Homosexuels	Ivrognes
Avorteurs	Traitres
Envieux	Cupides
Religieux non régénérés	Honnêtes non régénérés
Intellectuels non régénérés	Hommes doux non régénérés
Magiciens	Etc.

Les perdus n'hériteront pas le royaume des cieux. Leur part sera loin de la face et de la gloire de Dieu après la mort. Leur condition après la mort est décrite dans le récit de Lazare et de l'homme riche dans *Luc 16 :19-31.* Les leçons à tirer dans ce passage sont :

-Il n'y avait pas cessation d'existence après la mort.

-Il n'y avait ni inconscience, ni sommeil de l'âme des morts.

-Aucune deuxième chance n'était offerte.

-Il n'y avait ni réincarnation ni retour sur terre.

-Les tourments n'avaient point de fin.

-L'épreuve représentait un châtiment éternel. (O.J Gibson)

Les descriptions associées à la destination finale des perdus sont :

-Le feu qui ne s'éteint point

-La fumée de leur tourment monte aux siècles des siècles

-Les ténèbres du dehors

-Les pleurs et les grincements de dents

-L'étang de feu

6- La Condition des Sauvés Après la Mort

Les rachetés sont ceux qui ont accepté Christ comme leur Sauveur et Seigneur. Pendant leur vie sur terre, ils reconnaissaient qu'ils étaient des pécheurs et avaient accepté le sacrifice de la croix pour la purification de leurs péchés. Ils étaient obéissants à la parole de Dieu dans tous les domaines de leur vie. Ils incluent :

Les méchants repentants	Les adultères repentants
Les fornicateurs repentants	Les idolâtres repentants
Les blasphémateurs repentants	Les désobéissants repentants
Les voleurs repentants	Les menteurs repentants
Les meurtriers repentants	Les immoraux repentants
Les idolâtres repentants	Etc. repentants

Nous tous aussi, nous étions de leur nombre, et nous vivions autrefois selon les convoitises de notre chair, accomplissant les volontés de la chair et de nos pensées, et nous étions par nature des enfants de colère, comme les autres. **Ephésiens 2:3.** Maintenant nous sommes lavés, purifiés et délivrés de tous ces péchés. Gloire à Jésus!

La condition des rachetés après la mort est en directe opposition à celle des perdus. Dans le récit de Lazare et de l'homme riche de Luc 18, Jésus déclare qu'à la mort, les anges viendront chercher l'âme du croyant pour la mener dans un lieu de consolation : *Maintenant il est ici consolé.* **Luc 16 :15.** Mourir pour le chrétien c'est être avec Christ. Voir 2 Corinthiens 5 :8.

Apres la mort le chrétien sera libéré de toutes souffrances, de toutes douleurs pour jouir de la consolation dans le sein d'Abraham attendant la résurrection des morts où un corps incorruptible lui sera donné.

Conclusion

Frères et sœurs, la vie est un grand privilège. Mais elle est aussi une grande responsabilité. La vie à un but. Elle vaut la peine d'être vécue. Si vous avez une relation avec Jésus-Christ, vous n'avez pas à craindre la mort, car elle est la porte qui amène à l'éternité bienheureuse. La mort est inévitable, elle est totale dans toutes les générations. Bien-aimés, il serait plus sage de vivre chaque jour comme si c'était le dernier jour de votre vie. Pensez davantage à l'éternité. La vie ici-bas offre de nombreux choix, mais l'éternité n'en présente que deux : le ciel ou l'enfer. Votre relation avec Jésus-Christ déterminera l'endroit où vous passerez votre éternité. Si vous apprenez à croire en Jésus-Christ et à l'aimer, vous serez invité à passer le reste de l'éternité en sa compagnie ; mais si vous rejetez son pardon, son amour, son salut, vous serez pour toujours séparé de lui. *Où passerez-vous l'éternité ?*

Si vous n'êtes pas encore sauvé et que vous voulez recevoir Jésus dans votre cœur par la foi, faites cette prière: Seigneur Jésus-Christ, viens dans mon cœur. Pardonne-moi tous mes péchés, je regrette tout le mal que je t'ai fait. Que ton précieux sang me lave de tous mes péchés. Je me repens de t'avoir offensé aujourd'hui. Aujourd'hui je t'accepte et te reçois comme mon Seigneur et Sauveur. Amen.

A Dieu Soient La Gloire et L'Honneur!

Supplément

La Mort

Il est généralement admis que le privilège de la vie est succédé par l'inévitabilité de la mort. La mort est totale dans toutes les générations. La durée de vie et la manière de la mort ne sont pas prédictibles. La mort enlève le bébé lors de sa naissance, l'adolescent qui n'atteint pas encore l'âge de la raison, le jeune homme ou la jeune fille au printemps de sa vie, l'homme adulte qui est en train de récolter le fruit des années de sacrifices et d'investissent et le vieillard qui se repose dans sa retraite tranquille loin des activités du travail. Elle peut arriver d'une manière douce dans un sommeil duquel on ne se réveille jamais. Elle peut arriver lentement suite à l'affaiblissement des organes vitaux et des fonctions physiologiques du corps dû à la vieillesse. La mort surprend les hommes dans des accidents terribles sur les routes, dans les airs et sur les océans Elle atteint l'homme robuste par les balles meurtrières des assassins ou de l'ennemie sur le champ de bataille. La mort peut arriver dans de grandes douleurs à la suite d'une maladie incurable. Elle enlève l'homme par les secousses naturelles, les inondations, les tremblements de terre, les tsunamis et autres. Plus triste encore, il y en a qui, tombés au fond de l'abime du désespoir, minés par le découragement, la déception, l'échec, les stress ou la dépression , concoctent leur propre fin en se suicidant. Si la vie est une réalité, la mort l'est davantage. (**Donald Luxama**)

Leçon # 8

Sujet : Le Ciel, La Destination des Chrétiens

Texte d'étude : Colossiens1:3-5 ; 1 Corinthiens 2 :9

Texte d'or : *Hébreux 13 :14 Car nous n'avons point ici-bas de cité permanente, mais nous cherchons celle qui est à venir.*

Objectif : Etudier ce que la bible enseigne sur le ciel, la demeure finale des sauvés et encourager les frères et sœurs dans la foi à tenir ferme l'espérance chrétienne de la vie éternelle.

Mots Clés : Ciel, Espérance, Terre

Ciel Spirituel : C'est la demeure de Dieu, des anges et des créatures célestes. La Bible parle de troisième ciel.
Ex : Notre père qui es aux cieux. Votre père céleste.

Ciel Atmosphérique : C'est l'espace au-dessus de nos têtes, dans lequel se meuvent les nuées et les oiseaux, les avions et les engins volants, etc.

Ciel sidéral : C'est l'espace infini au-dessus de l'atmosphère où se trouvent les planètes et les étoiles, et les nombreuses galaxies. *Au commencement Dieu créa les cieux et la terre.* **Genèse 1er:1er.**

Paradis : Lieu de séjour où les âmes des justes jouissent de la béatitude éternelle. *Jésus lui répondit : Je te le dis en vérité, aujourd'hui tu seras avec moi dans le paradis.* **Luc 23 :43.**

Espérance : Vertu par laquelle les croyants attendent de Dieu, avec confiance, sa grâce en ce monde et la gloire éternelle dans l'autre.

Introduction

L'influence matérialiste croissante de notre société empêche de plus en plus les gens à croire en l'espérance chrétienne d'une vie éternelle dans le ciel avec Dieu. Notre société est conditionnée par ce qui tangible, visible, audible et matériel. L'enseignement sur le paradis est perçu comme de la spéculation, du produit de l'imagination sans fondement réel par une grande majorité. De nombreux chrétiens vivent sans aucune attente d'un avenir glorieux avec Dieu dans le ciel. Ils sont sans affection pour les choses d'en haut. De nombreuses personnes parmi nos contemporains trouvent de nouvelles raisons pour se moquer des chrétiens et endurcir leur cœur à l'Évangile devant les fausses et irréalisables prédictions de Harold Camping établissant la date de l'enlèvement de l'église pour le 21 mai 2011. Il n'y a pas, pour nous chrétiens, aucune raison d'être découragés, incertains ou douteux au sujet de l'héritage chrétien dans le ciel. Celui qui nous a fait la promesse est fidèle. La parole de Dieu affirme l'existence du ciel. La parole de Dieu affirme que la demeure finale du croyant sera auprès de Dieu. Jésus a dit dans ***Jean 14 :2***. *Il y a plusieurs demeures dans la maison de mon Père. Si cela n'était pas, je vous l'aurais dit. Je vais vous préparer une place.* Jésus va revenir bientôt, les chrétiens seront enlevés, la demeure finale du chrétien sera au ciel auprès de Dieu. Nous devons, à la manière de l'apôtre Paul, vivre dans la plus ferme attente de cet évènement glorieux où pour toujours nous serons avec Dieu dans la félicité éternelle. Notre enseignement sur le ciel ne serait qu'une insignifiante et imparfaite approche d'un sujet qui dépasse l'entendement humain. Nous utiliserons des termes physiques limités pour décrire une réalité spirituelle .

1- La Terre, Un Lieu de Déception

2- Le Ciel et Ses Richesses

3- Le Ciel et ses Récompenses

4- Nos Légères Afflictions

1- La Terre, Un Lieu de Déception—2 Pierre 3 :7 ; L'Ecclésiaste 6 :7 ; Matthieu 24 : 1-2.

Aussi riche ou puissant que l'on puise être, aussi luxueux que puisse être votre mode de vie, aussi extatiques que puissent être les plaisirs que vous poursuivez, la vérité existentielle témoigne que le monde est un lieu de déception. L'expérience de la vie est pleine de déboires. Il n'y a pas de bonheur permanent dans ce monde. L'insatisfaction ronge de nombreuses vies. Le pauvre envie la richesse du riche et le riche envie la paix du pauvre. La vie dans ce monde ne procure jamais la satisfaction durable désirée par le cœur de l'homme. La réalité de ce qui se passe dans notre environnent physique est un mélange affreux de malheurs, d'immoralités, de fléaux et de catastrophes. Le monde n'est pas le lieu sûr qui garantit la réalisation même des projets à court terme. Ce qui nous amène à dire qu'une personne dont l'espérance de bonheur est uniquement dans ce monde s'est grandement trompée. Sa course terminera à la porte de la déception. Dieu l'a fait ainsi pour que l'homme puisse désirer quelque chose de meilleur et de plus grand que la vanité de ce monde: Une meilleure cité. Le bonheur sans fin est au ciel avec Dieu et non sur la terre. *Tout le travail de l'homme est pour sa bouche, et cependant ses désirs ne sont jamais satisfaits. **L'Ecclésiaste 6 :7.***

Les fondations de nos grandes et belles villes ne sont pas éternelles. Nos villes modernes ne portent pas la marque de l'indestructibilité. La terre avec tout ce qu'elle contient est réservée pour le feu et la destruction. *Tandis que, par la même parole, les cieux et la terre d'à présent sont gardés et réservés pour le feu, pour le jour du jugement et de la ruine des hommes impies.2 Pierre 3 :7.* Les grandes constructions ne resteront pas pierres sur pierres qui ne soient renversées. Les grandes civilisations du passé sont de vivants exemples que rien ne dure pour toujours sur cette terre. Des grandes villes de l'antiquité dont la réputation étaient élevée jusqu'au ciel ne sont plus.

Babylone : *Le roi prit la parole et dit : N'est-ce pas ici Babylone la grande, que j'ai bâtie, comme résidence royale, par la puissance de ma force et pour la gloire de ma magnificence ? Daniel 4 :30.* Qu'est ce qu'elle est devenue aujourd'hui ? Elle est en ruine aujourd'hui.

Ninive : *Lève-toi, va à Ninive, la grande ville, et crie contre elle ! Car sa méchanceté est montée jusqu'à moi. Jonas 1 :2 ; 4 :11.* Ninive aussi a disparu. Ses tours et ses bastions se sont écroulés.

Corinthe, où fleurissaient autrefois les arts et tant de luxes, n'est plus qu'une masse informe. **Ephèse,** qui fut si longtemps la métropole de l'Asie, le Paris des temps modernes, dont les édifices étaient aussi élevés que le Capitole à Washington, ne ressemble plus guère qu'à un cimetière abandonné. *« Voici, dit Esaïe, les nations sont comme une goutte d'un seau; elles sont comme de la poussière sur une balance; voici, les îles sont comme une menue poussière qui s'envole... Toutes les nations sont devant lui comme un rien; elles ne sont pour lui que néant et vanité. » (Esaïe 49:15-17.)*

Voir l'histoire de Tyr et Sidon.

Ainsi bien-aimés, on peut comprendre que rien n'est éternel sur cette terre. La promesse d'une gloire sans fin avec Dieu dans le ciel représente la vraie félicité.

Application : Citez les choses d'en haut auxquelles nous devons nous affectionner.

2- Le Ciel et Ses Richesses- Matthieu 6 :19-21 ; 1 Corinthiens 2 :9

Mais, comme il est écrit, ce sont des choses que l'œil n'a point vues, que l'oreille n'a point entendues, et qui ne sont point montées au cœur de l'homme, des choses que Dieu a préparées pour ceux qui l'aiment. 1 Corinthiens 2 :9.

La parole de Dieu nous enseigne d'amasser les trésors dans le ciel là où la houille ne détruit point et où les voleurs ne percent ni ne dérobent. C'est une invitation à vivre une vie fixée sur l'espérance chrétienne dans le ciel avec Dieu. C'est une invitation à investir pour l'éternité. Les richesses du monde sont temporaires. Elles sont périssables. Les biens de ce monde ne rendent pas réellement heureux ; ils prennent souvent des ailes pour s'envoler. La Bible nous enseigne que les richesses du ciel sont de vraies richesses. Citons quelques une des choses considérées comme richesses ou plaisirs dans ce dans ce monde :

L'or

L'argent

Les terres (Propriétés terriennes)

Le luxe, l'opulence, l'abondance

La réputation, le pouvoir, la célébrité, les diplômes

Les enfants

La nourriture

L'alcool (boissons enivrantes)

Les drogues

Les plaisirs sexuels, sensuels, etc.

Cette liste est très misérable. Le caractère transitoire et vide de ces richesses doit pousser tout homme à accepter le salut en Jésus pour partager le vrai bonheur et connaitre la satisfaction pleine et entière. Il est impossible de décrire ce qui nous est réservé là-haut. *Et il me montra un fleuve d'eau de la vie, limpide comme du cristal, qui sortait du trône de Dieu et de l'agneau. Au milieu de la place de la ville et sur les deux bords du fleuve, il y avait un arbre de vie, produisant douze fois des fruits, rendant son fruit chaque mois, et dont les feuilles servaient à la guérison des nations. Il n'y aura plus d'anathème. Le trône de Dieu et de l'agneau sera dans la ville ; ses serviteurs le serviront et verront sa face, et son nom sera sur leurs fronts. Il n'y aura plus de nuit ; et ils n'auront besoin ni de lampe ni de lumière, parce que le Seigneur Dieu les éclairera. Et ils régneront aux siècles des siècles.* **Apocalypse 22 :2-5.**

L'apôtre Paul, dans son expérience, nous décrit ce qui suit : *Je connais un homme en Christ, qui fut, il y a quatorze ans, ravi jusqu'au troisième ciel (si ce fut dans son corps je ne sais, si ce fut hors de son corps je ne sais, Dieu le sait). Et je sais que cet homme (si ce fut dans son corps ou sans son corps je ne sais, Dieu le sait) fut enlevé dans le paradis, et qu'il entendit des paroles ineffables qu'il n'est pas permis à un homme d'exprimer.* **2 Corinthiens 12 :2-4.**

3- Le Ciel et ses Récompenses—1 Corinthiens 3 :8 ; Apocalypse 22 :12

Le salut est le don gratuit de Dieu offert à tous ceux qui acceptent Jésus comme leur Sauveur et Seigneur. La bible parle de récompense. Chacun recevra sa propre récompense selon son propre travail. *Celui qui plante et celui qui arrose sont égaux, et chacun recevra sa propre récompense selon son propre travail. 1Cor 3:8.* Notre récompense est au ciel. Dieu, dans son amour, peut nous donner quelques soulagements pendant le voyage ici-bas; mais les couronnes seront données au ciel. Nous devons travailler pour ces couronnes. *Ma rétribution est avec moi pour rendre à chacun selon ce qu'est son œuvre. Apo. 22:12.*

Application : Etes-vous en train de faire un travail pour le Royaume de Dieu ?

4- Nos Légères Afflictions

Tout ce qui peut nous arriver sur cette terre pour la cause de Christ est une légère affliction comparé à la gloire qui nous est réservée là-haut.

*J'estime que les souffrances du temps présent ne sauraient être comparées à la gloire à venir qui sera révélée pour nous. **Romains 8 : 18.***

C'est pourquoi nous ne perdons pas courage. Et lors même que notre homme extérieur se détruit, notre homme intérieur se renouvelle de jour en jour. Car nos légères afflictions du moment présent produisent pour nous, au-delà de toute mesure, un poids éternel de gloire, parce que nous regardons, non point aux choses visibles, mais à celles qui sont invisibles ; car les choses visibles sont passagères, et les invisibles sont éternelles. 2 Cor. 4: 16-17.

Afin que l'épreuve de votre foi, plus précieuse que l'or périssable (qui cependant est éprouvé par le feu), ait pour résultat la louange, la gloire et l'honneur, lorsque Jésus Christ apparaîtra. 1 Pierre. 1 : 7.

Quand Christ, votre vie, paraîtra, alors vous paraîtrez aussi avec lui dans la gloire. Colossiens 3 : 4.

Et lorsque le souverain pasteur paraîtra, vous obtiendrez la couronne incorruptible de la gloire. 1 Pierre 5 : 4.

Conclusion

La parole de Dieu ne nous laisse pas dans l'incertitude quant à ce qui nous est réservé dans le ciel. Efforçons-nous de vivre une vie sans reproche pour être parmi ceux à qui le Seigneur dira : **C'est bien, bon et fidèle serviteur ; tu as été fidèle en peu de chose, je te confierai beaucoup ; entre dans la joie de ton maître.** Ce poème résume très bien la réalité de notre pèlerinage terrestre vers la cité céleste:

Après de longs soupirs, une joie éternelle,

Après de durs labeurs, le repos dans les cieux,

Après l'ignominie, une gloire immortelle,

Après d'obscurs sentiers, un soleil radieux...

Après de tristes deuils, une vive espérance,

Après la sombre nuit, l'aurore d'un beau jour,

Après l'incertitude, une ferme assurance,

Après les cœurs brisés, un fort et tendre amour.

Après nuits de souffrances, un appui pour nos têtes,

Après le tourbillon, un ciel pur et serein,

Pour l'amour de Jésus, ô Dieu! tu nous apprêtes,

Après tant de douleurs, un abri dans ton sein...

Après de longs combats, des palmes de victoire,

Après une agonie, un cantique éternel,

Après l'amer calice, un fleuve dans la gloire,

Après nos lourdes croix, des couronnes au ciel.

Cité du livre: **Ciel** *(Heaven) par D.L. Moody.*

A Dieu Soient La Gloire et L'Honneur!

Leçon # 9

Sujet: L'Enfer, La Destination des Perdus

Texte d'Etude : Luc 16 :19-31 ; Apo 20 :14-15, Matt. 5:22, 29, 30 ; 10:28 ; Marc 9:45-46

Texte d'Or : *Apocalypse 21 :8 Mais pour les lâches, les incrédules, les abominables, les meurtriers, les impudiques, les enchanteurs, les idolâtres, et tous les menteurs, leur part sera dans l'étang ardent de feu et de soufre, ce qui est la seconde mort.*

Objectif : Enseigner ce que la Bible enseigne sur l'enfer et encourager les incrédules à venir à Dieu pour leur salut.

Mots Clés : Perdu, Enfer, Souffrance, Peines Eternelles.

Enfers : Lieu souterrain où séjournent les morts

Enfer : Lieu où les damnés subissent le châtiment éternel.

Souffrance : Fait de souffrir, d'éprouver une douleur physique ou morale.

Introduction

La mort est totale dans toutes les générations. Elle conduit inévitablement soit au repos éternel ou à l'attente terrible du jugement de Dieu où les secrets de tous les cœurs seront dévoilés. Nul n'échappera à cette règle. Un jour ou l'autre, tout homme vivra avec certitude soit la réalité du paradis ou la réalité de l'enfer pour toujours. Car quand un homme meurt, son sort éternel est fixé une fois pour toutes.

La parole de Dieu n'est pas muette sur le sujet de l'au-delà. Elle nous affirme que les justes hériteront la gloire et les méchants auront leur demeure loin de la face de Dieu dans un grand tourment. Ils seront jetés en enfer pour la raison de n'avoir pas accepté Jésus comme leur Sauveur et Seigneur. La parole de Dieu nous dit : « *Celui qui a violé la loi de Moïse meurt sans miséricorde, sur la déposition de deux ou de trois témoins ; de quel pire châtiment pensez-vous que sera jugé digne celui qui aura foulé aux pieds le Fils de Dieu, qui aura tenu pour profane le sang de l'alliance, par lequel il a été sanctifié, et qui aura outragé l'Esprit de la grâce ?* » *Hébreux. 10 :28-29.*

La vie sur cette terre nous enseigne déjà ces deux valeurs : Le bien et le mal, la joie et la souffrance, la douleur et le plaisir. Ces deux entités traverseront l'éternité. La description de l'enfer a été expliquée par des termes les plus effrayants par notre Seigneur Jésus. Ce n'est pas de gaité de cœur que nous approchons ce sujet; mais, comme il fait partie de l'enseignement biblique visant à freiner les hommes qui se précipitent dans le tourment éternel, il est de notre intérêt de l'étudier. L'enfant de Dieu qui comprend la profondeur, la dimension, la perte éternelle, la souffrance éternelle de ces âmes qui entreprennent ce voyage sans retour dans ce gouffre ne prendra jamais plaisir à voir sa famille, ses amis, son entourage se précipiter aveuglement sans leur parler avec amour. *L'île de Gorée où l'on embarquait les esclaves africains vers leur misérable destination a été décrite comme « La porte du voyage sans retour. » La vraie porte du voyage sans retour c'est l'enfer.* Etudions ce que la bible enseigne sur la destination et la condition finale de ceux qui meurent sans Christ.

1- Un Lieu Réel

2- Un Lieu de Tourments

3- Un Lieu à Eviter

1- Un Lieu Réel : Apo 20 :15, Matt. 5:22, 29, 30 ; 10:28 ; Marc 9:45-46

L'enseignement sur l'existence de l'enfer n'est pas une fable conçue pour évoquer la peur chez les gens, mais une réalité émanant des saintes écritures. Tout comme Dieu a préparé un lieu pour recevoir les sauvés, il a aussi préparé un lieu pour ceux qui refusent sa communion sur terre. Dieu ne fait qu'approuver leur choix conscient sur terre et prolonger leur souhait. Ils seront loin de la présence de Dieu et de sa gloire. *Quiconque ne fut pas trouvé écrit dans le livre de vie fut jeté dans l'étang de feu. Apocalypse 20 :15.*

Ensuite il dira à ceux qui seront à sa gauche : Retirez-vous de moi, maudits ; allez dans le feu éternel qui a été préparé pour le diable et pour ses anges. Matthieu 25 :41.

Plusieurs de ceux qui dorment dans la poussière de la terre se réveilleront, les uns pour la vie éternelle, et les autres pour l'opprobre, pour la honte éternelle. Daniel 12 :2.

Il faut noter que l'enfer est différent du séjour des morts appelé « Le Hadès ». Le Hadès n'est pas encore l'enfer. L'Écriture différencie clairement ces deux endroits et ces deux états. L'enfer est le lieu du séjour éternel de ceux qui meurent sans être réconciliés avec Dieu. Ce n'est qu'après leur résurrection et leur jugement devant le grand trône blanc qu'ils seront « jetés dans l'étang de feu » (Matt. 5:22, 29, 30 ; 10:28 ; Marc 9:45 ; Apoc. 20:11-15 ; 21:8). Le Hadès, par contre, n'est qu'un état intermédiaire, le lieu invisible des esprits des trépassés.

Application : *Voici, je viens bientôt, et ma rétribution est avec moi, pour rendre à chacun selon ce qu'est son œuvre. Moi, Jésus, j'ai envoyé mon ange pour vous attester ces choses dans les Églises. Apo. 22 :12,16.*

2- Un Lieu de Tourments : Luc 16 :23-28 ; Matt. 5:22, 29, 30 ; 10:28 ; Marc 9:45

Satan a aveuglé les yeux des hommes pour qu'ils ne voient ni ne comprennent la frayeur de l'enfer ainsi que la gravité et l'irréversibilité de l'état d'une personne qui meurt sans Christ. La moquerie a remplacé la réflexion saine et juste. La distraction a remplacé la prudence. La folie a remplacé la sagesse parmi nos contemporains. Satan trompe les gens. Il les trompe en leur faisant croire que Dieu aura pitié d'eux parce qu'ils seront nombreux en enfer. Il les trompe en leur faisant croire que, compte tenu du fait qu'il y aura un si grand nombre de pécheurs dans le lac de feu, la punition sera moins pénible. Certains disent que de nombreux chanteurs, de nombreuses vedettes, de nombreuses belles filles seront enfer, ainsi il sera plaisant et agréable d'y vivre. Mais la parole de Dieu enseigne que c'est un lieu de grands tourments, de pleurs et de grincement de dents. Le châtiment, la punition, la rétribution sont des enseignements bibliques. *Car ce qu'un homme aura semé, il le moissonnera aussi.* Oui, notre Dieu est un Dieu d'amour, mais il est aussi un feu dévorant. (Voir les différents jugements de Dieu contre l'homme : Le déluge, Sodome et Gomorrhe, etc.) Le Seigneur Jésus nous donne un aperçu dans la parabole de l'homme riche et Lazare nous montrant la condition de l'homme perdu dans le séjour des morts :

Dans le séjour des morts, il leva les yeux ; et, tandis qu'il était en proie aux tourments. Luc 16 :23.

Car je souffre cruellement dans cette flamme. Luc16:24.

Maintenant il est ici consolé, et toi, tu souffres. Luc16:25.

C'est pour qu'il leur atteste ces choses, afin qu'ils ne viennent pas aussi dans ce lieu de tourments. Luc 16:28.

Si ton pied est pour toi une occasion de chute, coupe-le ; mieux vaut pour toi entrer boiteux dans la vie, que d'avoir les deux pieds et d'être jeté dans la géhenne, dans le feu qui ne s'éteint point. **Marc 9 :45-46.**

L'enfer ne sera pas plaisant d'y vivre. C'est un lieu de grandes douleurs, de terribles tristesses et d'une horreur indescriptible. C'est l'étang de feu et de souffre. C'est l'endroit où tout homme sera salé de feu, et où les cris de leurs douleurs monteront aux siècles des siècles. C'est la géhenne, le feu inextinguible, là où leur ver ne meurt pas et où le feu ne s'éteint pas. Aucun plaisir sur cette terre ne peut compenser ces souffrances. Aucune jouissance, aucun bien sur terre ne peut contrebalancer les horreurs de l'enfer. Hommes inconvertis, donnez votre vie à Jésus pour passer de la mort à la vie, de la honte à la gloire, de l'enfer au paradis.

Application : *Car, si la parole annoncée par des anges a eu son effet, et si toute transgression et toute désobéissance a reçu une juste rétribution, comment échapperons-nous en négligeant un si grand salut, qui, annoncé d'abord par le Seigneur, nous a été confirmé par ceux qui l'ont entendu.* **Hébreux 2 :2-3.**

3- Un Lieu à Eviter : Luc 16 :27-31

Le riche dit : Je te prie donc, père Abraham, d'envoyer Lazare dans la maison de mon père ; car j'ai cinq frères. C'est pour qu'il leur atteste ces choses, afin qu'ils ne viennent pas aussi dans ce lieu de tourments. Abraham répondit : Ils ont Moïse et les prophètes ; qu'ils les écoutent. Et il dit : Non, père Abraham, mais si quelqu'un des morts va vers eux, ils se repentiront. Et Abraham lui dit : S'ils n'écoutent pas Moïse et les prophètes, ils ne se laisseront pas persuader quand même quelqu'un des morts ressusciterait. **Luc 16 :27-31.**

Il n'y a ni foi, ni repentance en enfer. C'est un lieu à éviter. Il n'était pas créé pour l'homme. Mais les hommes, par leur refus d'obéir à Dieu, ont choisi d'adorer satan et de le suivre en enfer. Le seul moyen d'éviter ce lieu est d'accepter Jésus comme son Sauveur et Seigneur par la foi. Dans la parabole, quelqu'un qui a fait l'expérience de cet affreux tourment prie pour que les siens ne viennent pas dans ce lieu. Sa voix nous parle à travers des millénaires depuis le séjour des morts : ***Envoie quelqu'un pour leur attester la VERITE des souffrances dans le séjour des morts.*** La prédication de l'évangile a pour but d'épargner les hommes de ce lieu. Aujourd'hui c'est le jour du salut, si vous entendez la voix du Seigneur, n'endurcissez pas vos cœurs. Echappez-vous de la colère à venir.

Application : A combien de personnes inconverties as-tu annoncé l'Évangile cette semaine, ce mois, cette année ?

Conclusion

Tout a commencé par le péché d'Adam et la justice de Dieu qui demande que le pécheur soit jugé et condamné. Tout continue par l'amour de Dieu qui a pourvu le moyen de s'échapper du châtiment éternel par la mort de son fils Jésus sur la croix. Tout prendra fin par le refus d'un grand nombre d'accepter le plan du salut de Dieu et leur choix de l'enfer comme leur destination finale. Frères et sœurs, l'enfer est réel. C'est un lieu de souffrances perpétuelles. Le choix de ne pas descendre dans l'enfer est entre vos mains. Choisissez d'entrer par la porte étroite. *Car large est la porte, spacieux est le chemin qui mènent à la perdition, et il y en a beaucoup qui entrent par là. Mais étroite est la porte, resserré le chemin qui mènent à la vie, et il y en a peu qui les trouvent. **Mat. 7 :13-14.*** Maintenant que nous sommes sauvés, annonçons aux autres la bonne nouvelle du salut en Jésus afin qu'ils n'aillent pas dans ce lieu de tourments.

Seul le diable et ses démons méritent d'y aller.

A Dieu Soient La Gloire et L'Honneur!

QUESTIONS

1- Que dit le Psalmiste pour exprimer la merveille de la formation de l'homme dans Psaumes 139 :13-16 ?

C'est toi qui as formé mes reins, qui m'as tissé dans le sein de ma mère. Je te loue de ce que je suis une créature si merveilleuse. Tes œuvres sont admirables, Et mon âme le reconnaît bien. Mon corps n'était point caché devant toi, lorsque j'ai été fait dans un lieu secret, tissé dans les profondeurs de la terre. Quand je n'étais qu'une masse informe, tes yeux me voyaient ; Et sur ton livre étaient tous inscrits les jours qui m'étaient destinés, avant qu'aucun d'eux existât.

2- Que dit la Bible au sujet de la création de la terre dans Genèse 1er : 1er ?

Au commencement, Dieu créa les cieux et la terre.

3- Comment était la terre après qu'elle fut créée par Dieu et que faisait L'Esprit de Dieu selon Genèse 1 :2 ?

La terre était informe et vide : il y avait des ténèbres à la surface de l'abîme, et l'esprit de Dieu se mouvait au-dessus des eaux.

4- Comment le Psalmiste qualifie-t-il quelqu'un qui ne croit pas en Dieu ?

Comme un insensé. L'insensé dit en son cœur : Il n'y-a point de Dieu Psaumes 14 :1er.

5- Que dit Dieu en faisant l'homme selon Genèse 1 :26 ?

Puis Dieu dit : Faisons l'homme à notre image, selon notre ressemblance, et qu'il domine sur les poissons de la mer, sur les oiseaux du ciel, sur le bétail, sur toute la terre, et sur tous les reptiles qui rampent sur la terre.

6- Que dit l'apôtre Paul au sujet de nos légères afflictions du moment présent dans 2 Corinthiens 4 :17-18 ?

Car nos légères afflictions du moment présent produisent pour nous, au-delà de toute mesure, un poids éternel de gloire, parce que nous regardons, non point aux choses visibles, mais à celles qui sont invisibles ; car les choses visibles sont passagères, et les invisibles sont éternelles.

7- Est-il avantageux à une personne de gagner le monde s'il arrive à perdre son âme ?

Non. Marc 8 :36-37 Et que sert-il à un homme de gagner tout le monde, s'il perd son âme ? Que donnerait un homme en échange de son âme ? **8- Récitez Jean 1er : 1er.**

Jean 1er :1er Au commencement était la Parole, et la Parole était avec Dieu, et la Parole était Dieu.

9- Prouvez par un verset biblique que, la mort comme conséquence du péché d'Adam, s'est étendue sur toute la race humaine.

Romains 5 :12 C'est pourquoi, comme par un seul homme le péché est entré dans le monde, et par le péché la mort, et qu'ainsi la mort s'est étendue sur tous les hommes, parce que tous ont péché.

10- Quel était l'état de la terre selon Genèse 6 :11 ?

La terre était corrompue devant Dieu, la terre était pleine de violence. Dieu regarda la terre, et voici, elle était corrompue; car toute chair avait corrompu sa voie sur la terre.

11- L'avenir du croyant est entre les mains de Dieu. Que dit L'Eternel à ce sujet dans Jérémie 29 :11 ?

Car je connais les projets que j'ai formés sur vous, dit l'Éternel, projets de paix et non de malheur, afin de vous donner un avenir et de l'espérance.

12- En quels termes Dieu condamne-t-il le péché de la bestialité, c'est à dire le rapport sexuel entre une personne et un animal, selon Deutéronome 27 :21?

Maudit soit celui qui couche avec une bête quelconque ! -Et tout le peuple dira : Amen !

13- En quels termes Dieu condamne-t-il le péché de l'inceste, c'est à dire le rapport sexuel entre sœurs et frères, parents et enfants, selon Deutéronome 27 :22 ?

Maudit soit celui qui couche avec sa sœur, fille de son père ou fille de sa mère ! -Et tout le peuple dira : Amen !

14- Que dit L'Eternel dans Lévitique 18 :22 concernant l'homosexualité ?
Tu ne coucheras point avec un homme comme on couche avec une femme. C'est une abomination.

15- Que dit l'apôtre au sujet du jugement de Dieu contre ceux qui ont changé la vérité de Dieu en mensonge et qui ont servi la créature au lieu du créateur dans Romains 1 :26-27?

C'est pourquoi Dieu les a livrés à des passions infâmes : car leurs femmes ont changé l'usage naturel en celui qui est contre nature ; et de même les hommes, abandonnant l'usage naturel de la femme, se sont enflammés dans leurs désirs les uns pour les autres, commettant homme avec homme des choses infâmes, et recevant en eux-mêmes le salaire que méritait leur égarement.

16- Qui sont ceux qui n'hériteront point le royaume de Dieu selon 1 Corinthiens 6 :9-10 ?

Ne savez-vous pas que les injustes n'hériteront point le royaume de Dieu ? Ne vous y trompez pas : ni les impudiques, ni les idolâtres, ni les adultères, ni les efféminés, ni les infâmes, ni les voleurs, ni les cupides, ni les ivrognes, ni les outrageux, ni les ravisseurs, n'hériteront le royaume de Dieu.

17- Comment le Juste vivra-t-il selon Hébreux 10 :38?

Et mon juste vivra par la foi ; mais, s'il se retire, mon âme ne prend pas plaisir en lui.

18- Comment le chrétien doit-il considérer les diverses épreuves de la vie selon Jacques 1 :2-3 ?

Mes frères, regardez comme un sujet de joie complète les diverses épreuves auxquelles vous pouvez être exposés, sachant que l'épreuve de votre foi produit la patience.

19- Récitez Hébreux 13:14.

Hébreux 13 :14 Car nous n'avons point ici-bas de cité permanente, mais nous cherchons celle qui est à venir.

20- Récitez 1 Corinthiens 15:19.

1 Corinthiens 15 :19 Si c'est dans cette vie seulement que nous espérons en Christ, nous sommes les plus malheureux de tous les hommes.

A Dieu Soient La Gloire et L'Honneur!

Très Important

Si vous n'avez pas encore reçu Jésus dans votre cœur comme votre Sauveur et Seigneur. Je vous encourage à le recevoir aujourd'hui même avant qu'il soit trop tard. Laissez le Saint-Esprit vous conduire à :

La repentance : Un vif regret d'avoir péché contre Dieu et désobéi à Sa parole sainte et aussi le désir sincère de renoncer pour toujours au péché.

La croix de Jésus-Christ : L'unique lieu où la réconciliation entre Dieu et l'homme est possible. Il est impossible d'éviter la croix si l'on veut rencontrer Dieu et obtenir le pardon des péchés. *Colossiens 1:19-20 « Car Dieu a voulu que toute plénitude habitât en lui ; il a voulu par lui réconcilier tout avec lui-même, tant ce qui est sur la terre que ce qui est dans les cieux, en faisant la paix par lui, par le sang de sa croix.»*

L'invitation : Invitez Jésus à entrer dans votre cœur par la foi. *Romains 10 :9-10 « Si tu confesses de ta bouche le Seigneur Jésus, et si tu crois dans ton cœur que Dieu l'a ressuscité des morts, tu seras sauvé. Car c'est en croyant du cœur qu'on parvient à la justice, et c'est en confessant de la bouche qu'on parvient au salut, selon ce que dit l'Écriture.»*

Parlez à Dieu:

Seigneur Jésus, je te remercie pour ton amour et de ce que tu es venu dans le monde pour mourir pour moi. Je reconnais que j'ai péché contre toi en actions, en paroles et en pensées. Aujourd'hui je mets ma confiance en toi et je te reçois dans mon cœur et dans ma vie comme Seigneur et Sauveur. Je regrette mes péchés ; pardonne moi tous mes péchés et lave moi avec ton sang précieux. Reçois -moi dans Ton royaume, et fais de moi un enfant de Dieu. Viens dans mon cœur à l'instant même et donne-moi la vie éternelle. Je te suivrai à n'importe quel prix, comptant sur Ton Saint-Esprit pour m'aider à t'obéir et faire ta volonté pour tout le reste de ma vie.

Si vous avez reçu Jésus-Christ comme votre Sauveur et Seigneur après avoir lu ce livre, contactez-moi à l'adresse suivante afin que je prie pour vous dans votre nouvelle marche avec Jésus-Christ.

Donald Luxama

dluxa@hotmail.com

www.regeneration1.com

121

Ouvrages par L'auteur

1– *La Vie dans Le Foyer : Une affaire de Volonté*
2- *A Successful Marriage: A Matter of Will*
3- *Manuel D'école du Dimanche Volume 1*
4- *Manuel D'école du Dimanche Volume 2*
5- *Manuel D'école du Dimanche Volume 3*
6- *Manuel D'école du Dimanche Volume 4*
7- **Manuel D'école du Dimanche Volume 5**
8- *Manuel D'école du Dimanche Volume 6*
9– *Réflexions Sur La Vie*

Pour toutes informations et correspondances, contactez-nous à l'adresse suivante:

Donald Luxama

dluxa@hotmail.com

Visitez notre site:

www.createspace.com/4227048

www.regeneration1.com

A Dieu Soient La Gloire et L'Honneur!